한 권으로 끝내는
취업 특강

이 책을 소중한

_____님에게 선물합니다.

_____ 드림

스토리 스펙으로 단기간에 취업에 성공하는 비결

한 권으로  끝내는

취업특강

| 전민경 지음 |

위닝북스

자신만의
취업 전략을 세워라!

나는 쳇바퀴 굴러가듯 하루하루를 바쁘게 살았다. 우리나라의 많은 학생들이 그러하듯 나도 정해진 양만큼 공부했고 더 좋은 대학교를 가기 위해 치열하게 살았다. 피곤했지만 정해진 틀에 맞춰 살았다. 초·중·고등학교에서 '공부를 잘해야 나중에 잘된다'라는 어른들의 말을 들으며 공부했고, 더 나은 삶이 펼쳐질 것이라고 믿었다.

그러나 대학교 졸업 후에는 취업이라는 또 다른 시작이 있었으며 취업의 경쟁에서 살아남아야 하는 상황에 놓였다. 사회에서는 내가 어떤 사람인지보다 직업이나 직함으로 나를 평가하는 경우가 많았다. 같은 대학교를 졸업한 사람 두 사람이 있다고 가정해 보자. 학생 때는 같은 길에 서 있었지만, 졸업한 후에는 직업의 유무와 방향에 따라 두 사람의 인생은 달라지고 변화한다. 그만큼 취업이란 인생의 큰 전환점이다.

요즘 이렇게 큰 인생의 전환점에서 취업을 하지 못하는 청년들이 많아지고 있다. 시간이 흐를수록 그들은 불안해하고 두려움을 느낀다. 당장 취업을 해야 하는 이유는 너무나 많은데 취직이 계속 되지 않으니 얼마나 답답하겠는가. 가끔은 취업을 준비하는 그 시간들이 힘들거나, 반갑지 않은 불합격 통보를 받을 때면 모든 것을 포기하고 싶을 때도 많을 것이다.

누구나 지금까지 살아오면서 실패한 경험이 있을 것이다. 실패를 경험하면 다시 도전하려고 할 때 두려움이 생기고 자신감을 잃을 수 있다. 하지만 그 두려움을 극복하고 자신감을 가져야 자신이 원하는 것을 이루기 위한 힘이 생기며 그 힘이 결국 좋은 결과를 불러온다.

나는 취업 준비생들에게 취직이 되지 않았을 경우에도 두려움을 느끼지 말라고 말한다. 뚜렷한 목표를 세운 후 자신만의 취업 전략을 만들어서 도전하면 반드시 좋은 결과가 생길 것이다. 너무 식상한 이야기처럼 들리겠지만 사실이다.

이 책은 취업 합격 노하우에 대해서 딱딱하게 설명하기보다 후배나 동생에게 말하듯 실제 겪었던 경험들을 통해 조언을 해 주고, 합격의 관문에 좀 더 쉽게 다가갈 수 있도록 도와주고 싶다는 생각으로 집필했다. 또한 기업의 인사부서에 있으면서 채용자 입장에서 겪은 경험들을 바탕으로 취업 준비생들에게 도움이 될 수 있는 내용을 담고자 노력했다.

이 책을 쓸 수 있도록 도와주신 〈한국 책쓰기 성공학 코칭협회〉의 김태광 대표 코치님과 위닝북스의 권동희 대표님 및 직원분들께 감사의 마음을 전한다. 책을 집필하는 동안 옆에서 응원해 주고 물심양면 도와준 가족에게도 사랑한다고 말하고 싶다.

특히 인생에서 힘들었던 시간에 큰 힘이 되어 준 멋진 친구들 현아와 나경에게도 고마움을 전한다. 마지막으로 이 책을 읽는 모든 취준생들이 취업에 성공하기를 진심으로 기원하고 응원한다.

2017년 4월

전민경

CONTENTS | 차례

프롤로그

Chapter 1 | 나는 왜 취업이 안 될까?

Chapter 3 | 취업 성공을 위한 8단계

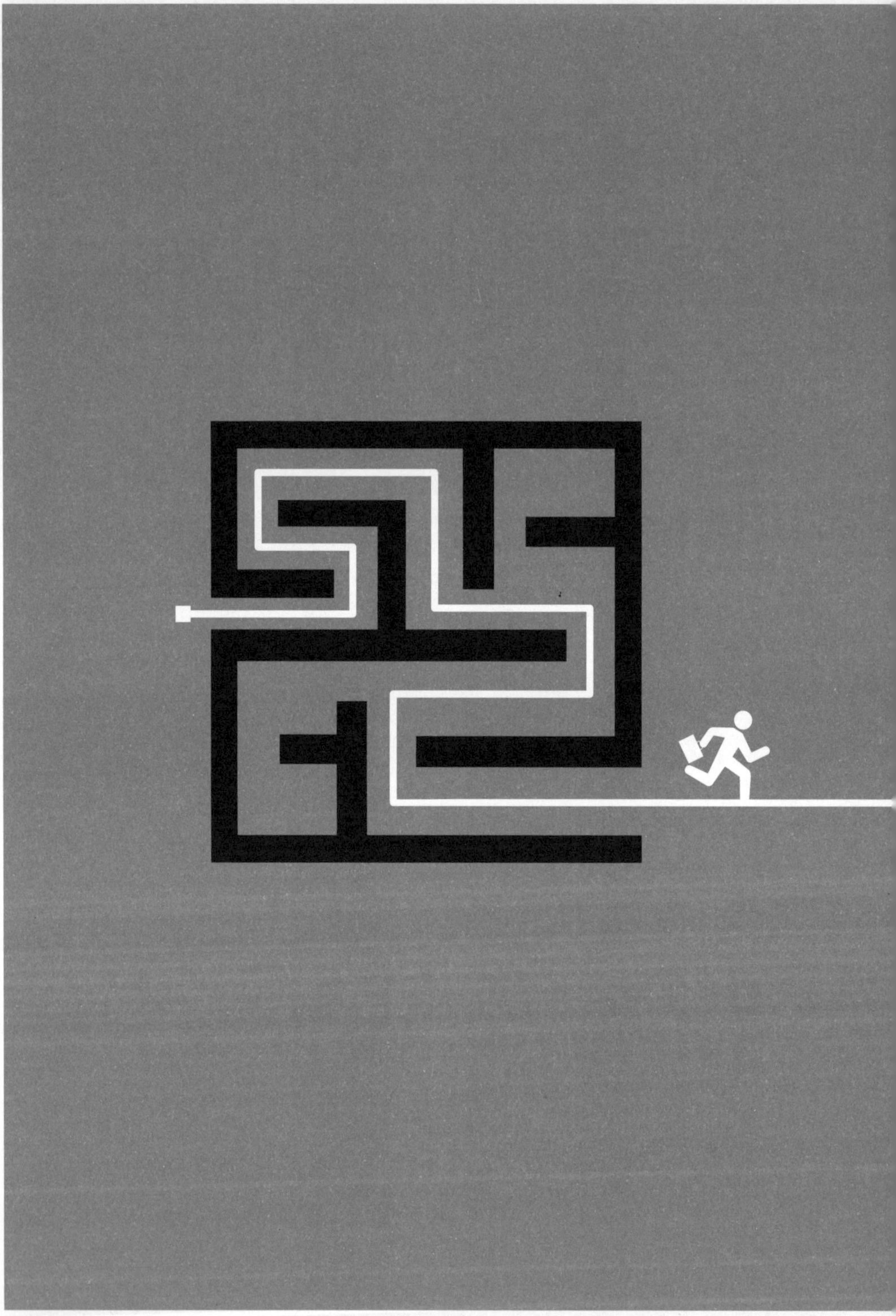

나는 왜
취업이 안 될까?

주위의 참견에 의연하라

절망은 마약이다.
절망은 생각을 무관심으로 잠재울 뿐이다.
– 찰리 채플린

"너도 좋은 대학에 가야지?"
"너도 어서 좋은 직장에 취직해야지?"
"너도 어서 결혼해야지?"

그야말로 듣기 싫은 말 3종 세트다. 친척들은 지치지도 않는지 매년 똑같은 질문을 한다. 지겨울 만도 하지만, 그들의 질문은 변하지 않는다. 특히 명절 때마다 갓 대학을 졸업한 취준생들은 "너도 어서 좋은 데 취직해야지?"라는 소리가 세상에서 제일 싫다.

이미 대학을 졸업한 A는 이번 명절만큼은 여행을 가고 싶다. 지난 설, 지방에 내려갔을 때 부모님과 친척들에게 "너도 어서 취직해야지? 왜 취업이 안 되는 거야? 너무 고르지 말고 아무 데나 들어가."라는 말을 듣는 통에 괴로웠기 때문이다. 멋쩍은 듯이 웃었지만 올해도 취직이 안 된다면 웃고 넘길 자신이 없다. 불과 몇 년 전만 해도 좋은 대학에 들어갔다며 용돈을 주던 친척들이었는데 이제는 보고 싶지 않은 손님들이 되어 버렸다.

고3 때는 좋은 대학을 가게 된 것이 고생의 끝이자 행복의 시작이라고 생각했다. 그러나 몇 년이 지난 지금, A는 대학 졸업 후에 좋은 회사에 취직을 한다면 과연 그것이 고생의 끝인지 궁금하다. 좋은 대학교에 입학했던 희열을 다시 느끼기 위해 취업 준비를 계속하지만, 뜻대로 잘 되지 않는다. 이제 A는 더 이상 취업하기도 싫고 자신감도 바닥으로 떨어진 상태다. 취직하기가 싫어서 사업을 해 볼까 생각도 하지만 딱히 사업 아이템도 없고 종잣돈도 없다.

이렇듯, 학생도 아니고 직장인도 아닌 취준생들은 심적으로 힘든 시간을 보내게 된다. 겉으로 내색은 안 하지만 뜻대로 되지 않는 현실에 좌절하고 자신감도 없어진다. 그러나 취업에 성공하기 위해서는 '나는 왜 취업이 안 될까?'가 아니라 '나는 취업할 수 있다. 꼭 해낼 것이다'라는 자신감을 갖고 힘든 이 시간을 이겨내야 한다.

나 역시 6개월간의 취준생 시절이 있었다. 더 이상 학생이 아닌 백수라는 생각에 스트레스를 많이 받았다. 학교에 다닐 때는 부모님에게 받는 용돈을 당연하게 생각했지만, 졸업 후에는 이마저도 눈치가 보였다. 동네에서 걸어가다 아는 사람이라도 우연히 만나면 나에게 어떤 일을 하냐고 물어볼까 봐 고개를 숙이고 걸었던 적도 있었다. 명절 때도 부모님 댁에 가지 않고 혼자 보냈다. 친척들의 취업 질문과 그 상황에서 난감해하실 그서 죄송일 따름이었다.

　나보다 먼저 취직한 친구들은 일이 바쁘다고 만날 시간도 없었다. 그들은 회사 생활이 힘들다며 푸념을 늘어놨다. 그러나 그런 푸념조차도 나에게는 부러움의 대상이었다. 친구들은 첫 월급을 받은 후, 한턱을 내기도 했고 회사에 입고 다닐 옷도 여러 벌 구입했다. 두 달이 조금 지나자 적금을 들었다는 친구도 있었고, 부모님께 용돈을 드렸다는 친구도 있었다. 어떤 친구는 일 년 안에 차를 산다며 주말마다 자동차 전시장을 방문했다. 나는 그들이 마냥 부러웠다. 친구들이 나에게 "너도 곧 좋은 데 취직할 거야."라고 말할 때마다 자존심이 상했다. 미국에서 명문대를 나오고 영어도 곧잘 한다고 생각했는데 막상 한국에서의 취직이 쉽지 않았다. 미국에서 대학원도 졸업하고 일했던 경력도 있어서 한국에서의 취직이 금방 될 줄 알았던 것은 나의 착각이었던 것이다. 나는 그저 고스펙의 무직자였다.

어느 날, 한 회사에서 서류 전형에 합격했다는 문자를 받고 면접을 보러 갔다. 나는 예술기획팀에 지원했는데, 면접 장소에 도착하니 이미 8명의 지원자가 있었다. 그곳에는 나와 같은 대학원을 나온 동기도 있었다. 우리는 서로를 발견하고는 어색한 듯 피식 웃었다. 8명의 지원자들은 나란히 앉아 2명의 면접관과 면접을 시작했다. 불행히도 나는 첫 번째 순서였기 때문에 면접관들의 모든 질문을 맨 처음에 대답해야 했다.

"전민경 씨는 커뮤니케이션 전공자인데 왜 예술기획팀에 지원했죠?"
"예술기획팀은 잡무도 많습니다. 대학원까지 나왔는데 할 수 있겠습니까?"
"자신의 단점을 말해 보세요."
"업무 중에 동료와 문제가 생길 경우 어떻게 해결하겠습니까?"

계속해서 첫 타자로 답변해야 했기에 나는 질문들에 제대로 집중하지 못했다. 옆에 있는 지원자들도 신경이 쓰였다. 당황해서 대답을 우물우물한 적도 있었다. 내가 어떻게 대답했는지 기억조차 나지 않았다. 정신을 차렸을 무렵엔 마지막 지원자가 대답을 마친 상태였다. 모든 면접이 끝나고 문을 나서면서 내가 얼마나 자만했는지 깨달았다. 미국에서 인턴으로 일했던 경험을 믿고 면접 준비에 소홀했던 것이 실수였다. 대충 해도 면접을 쉽게 통과할 수 있다고 생각했던 것이다.

며칠 후, 나는 한 통의 문자를 받았다.

"귀하의 자질과 역량에도 불구하고 제한된 모집 인원으로 인해 인연을 맺지 못하게 되었음을 안타까운 마음으로 전해 드립니다. 귀하의 취업에 좋은 결과가 있기를 기원하며, 나음 기회에 더 좋은 인연으로 만나 뵐 수 있기를 기대하겠습니다."

문자를 받는 순간 세상에서 거절당한 느낌이 들었다. 이런 문자를 많이 받아 봤던 사람들은 어떤 느낌인지 잘 알 것이다. 동시에 내가 힘들게 유학 생활을 하면서 겪었던 모든 일이 물거품이 되는 것 같았다. 정중한 문자였지만 결국 나를 원하지 않은 것이었다. 다음 기회에 만날 수 있기를 기대한다는 말은 꼭 거짓말처럼 들렸다. 이런 힘들고 긴장된 순간들을 경험하는 취준생들은 취업을 준비하면서 다른 사람들의 말들에 종종 상처를 받기도 한다.

"벌써 졸업했어? 한창 취직 준비하겠네. 취업 준비는 잘 되고?"
"앞으로 뭐 먹고 살래?"
"어서 취직해서 부모님 편하게 해 드려야지."

안 그래도 면접에서 떨어지면 며칠간 의기소침해지는데 이런 질문들은 그야말로 상처 주기의 끝판왕이다. 취업난에 서류 전형 낙방, 면접 탈락을 겪고 있는 취준생들에게 아무 생각 없이 던지는 말들은 취준생을 더 위축되게 만들 수 있다.

그렇더라도 위축되지 말고 원하는 회사에 입사한다는 자신감을 가지자. 자신에 대한 신념과 믿음을 가져야 목표를 달성할 수 있다. 신념이 굳건하면 작은 실패들은 성공으로 나아가는 힘이 될 수 있다. "너의 길을 걸어가라. 사람들이 무어라 떠들든 내버려 두어라." 이탈리아의 시인 단테의 말이다. 사람들이 무심코 던지는 말에 절대 조급해하지 마라. 그들이 뭐라고 하든 자신만의 원칙을 지키면서 묵묵히 걸어가기를 바란다.

'나는 할 수 있다!'
'나는 해낸다!'
'나에게는 저력이 있다!'
'나에게는 오직 전진뿐이다!'

이렇게 생각하고 나아가자.

취업이 되지 않는
진짜 이유

자신의 능력을 믿어야 한다.
그리고 끝까지 굳세게 밀고 나가라.
– 로잘린 카터

　　부정적인 생각이 꼬리에 꼬리를 물면 될 일도 안 된다. 걱정 대신 자신을 차별화할 수 있는 전략을 세워야 한다. 단순히 학점, 어학 성적, 자격증, 해외연수 등의 스펙만 쌓는다고 해서 원하는 직장에 취업하는 시대는 지났다. 최근에는 기업에서 위의 사항들을 포함해 종합적으로 인사평가를 하고 있다. 결국 스펙보다도 중요한 요소들이 있어야 평가를 잘 받을 수 있는 의미다. 그러므로 자신을 잘 분석해 취업 전략을 세워야 한다. '나는 왜 취업이 안될까?'라고 고민만 하고 있다면, 다음의 나와 L의 사례를 통해 자신의 단점을 파악하고 취업 전략을 다시 세워 보라.

내가 미국에서 있었을 때의 일이다. 미국에서 인턴으로 일하고 싶었던 나는 채용 공고만 보면 전공과 관계없이 모든 곳에 서류를 제출했다. 그래서 예술 공연, 박물관, 방송, 디자인, 기획, 영업 등의 분야에 마구잡이로 지원했다. 내가 정말 하고 싶은 일에 대한 기준이 없었다. 그래서 면접을 볼 때마다 "왜 여기에 지원했나요?"라는 질문에 대답하는 것이 힘들었다. 전공과 무관하게 지원했으면 거기에 부합하는 답변을 잘 준비했어야 했다. 그러나 그렇지 못했기 때문에 끊임없이 도전했음에도 취업에 실패했다. 나의 스펙은 더 이상 중요치 않았다. 차별화된 전략도 없었고 뚜렷한 답변도 하지 못했다.

그렇게 실패의 고배를 맛본 후, 몇 개월 동안 나는 나만의 체크리스트를 만들어서 회사별 직무와 나의 전공을 연결하기 시작했다. 여기저기 지원하기보다는 회사와 직무를 우선 결정하기로 했다. 그리고 나를 차별화하기 위해 자기소개서에 전공 지식에 대해서 언급했다. 전공에서 배운 전문 용어를 직무와 연관 지어 왜 이 직무에 지원했는지에 대해서 설명했다. 그렇게 하자 답변이 구체화되었다. 면접에서도 내가 조사한 대로 조리 있게 답변할 수 있었다. 마침내 나는 뉴욕 타임스퀘어의 MTV Networks의 공채 채용에서 높은 경쟁률을 뚫고 프로그래밍팀에 입사할 수 있었다.

어느 곳이든 취업을 하려면 일단 자신에 대해 잘 알아야 한다. 자신을 알고 분석해야 자신감도 생긴다. 나는 나름 괜찮은 스펙임에도 많은 회사에서 여러 번 실패의 고배를 맛보았다. 정말 스펙대로만 채용되었다면, 진작 합격해서 힘든 시간을 보내지 않았을 것이다. 그러므로 계속 취업이 되지 않는다면 자신을 돌아보는 시간을 갖는 것이 중요하다. 잘못된 방법으로 계속 지원해 봤자 합격하지 못한다. 내가 왜 떨어졌는지, 남들과 뭐가 나쁜지 등을 분석하고 자신에 집중하라. 그래야 남들과 차별화되는 전략을 세울수 있다.

기계공학을 전공한 나의 친구 L이 어느 날 나에게 말했다.

"난 연구 쪽보다는 다른 부서에서 일하고 싶어."

"넌 공대생이라서 기계공학 쪽이잖아?"

"그렇긴 한데 난 기획이나 영업 분야에서 일하고 싶어."

"그래? 뭐 꼭 과가 중요한 건 아니지. 네가 정말 하고 싶은 게 중요하지."

"응. 그런데 전공과 상관없는 직무로 취업하는 게 쉽지 않네."

L은 자신의 외향적인 성격을 살려 기획이나 영업 관리 분야로 취업하고 싶어 했다. 훗날 경영대학원도 가고 싶다고 했다. 그래서 대기업뿐만 아니라 중견기업의 기획팀이나 영업팀에도 지원했다.

그는 수많은 기업에 지원했지만, 단 한 군데도 합격하지 못했다. L의 스펙은 나쁘지 않았다. 서울 중상위권 대학을 졸업했고, 그 대학교의 공과 계열은 경쟁력이 있는 것으로 알려져 있었다. 또한 전공 관련 자격증도 취득했다. 만약 전공과 일치되는 직무에 지원했다면 취직이 빨리 되었을 것이다. 하지만 그는 지원하는 직무에 대한 점검을 하지 않았다. L은 스스로를 외향적이라고 생각했지만 내가 봤을 때는 외향적이지도 내향적이지도 않은 중간 정도의 성격이었다. 또한 대학교 재학 시 경영학과를 복수 전공했거나 영어 실력을 키우지도 않았다.

하고 싶은 것이 있다면 그것을 어떻게 이룰지 생각해 보고 세밀하게 분석해야 한다. 취업도 마찬가지다. 자신을 객관적인 시각으로 분석하고 가고 싶은 회사의 원하는 부서를 가기 위해서는 만반의 준비를 해야 한다. 무작정 '난 외향적이라서 이런 부서에서 일하고 싶어', '난 대학에서 공부해 보니 전공이 나와 별로 안 맞아서 전공과 다른 분야에서 일하고 싶어'라고 생각하는 것은 위험하다. 이러한 생각으로는 불합격이란 통보를 계속 받게 될 뿐이다. 자신의 문제점과 부족한 점을 제대로 진단해야 취업이 안 되는 이유를 해결할 수 있다.

L의 경우처럼 취업이 되지 않는다면 다음 사항을 점검하고 홍보 전략을 세우는 것도 좋은 방법이다.

첫째, 자신의 성격이 기획팀이나 영업팀에 적합한지 생각하라.

외향적인 성격에 사람 만나기를 좋아하고 다양한 인간관계를 맺는 것을 좋아한다는 것을 직무와 관련해 어필할 수 있다. 수동적인 사람보다는 능동적인 사람이라는 것을 보여 줘야 한다.

둘째, 지원하는 직무와 전공의 연관성을 생각하라.

L과 같이 공과 계열일 경우, 업무를 진행할 때 기획팀이나 영업팀에 어떻게 플러스 요인이 될 수 있는지 자기소개서에 적성하는 것도 좋은 방법이다.

셋째, 아르바이트를 했다면 직무와 관련해 설명하라.

아르바이트를 통해 많은 사람들을 만나며 다양한 사회생활을 했다고 연관 지어 설명할 수 있다. 이것은 성격이 외향적이라는 것을 보여 줄 수 있어서 영업직에도 가능하다는 판단을 할 수 있게 해 준다.

넷째, 인성을 강조하라.

전공과 지원하는 직무의 일치성이 없고 아르바이트 경험도 없다면 자신의 인성을 강조해야 한다. 신입 채용은 아직 경력이 없으므로 인성이나 패기에 큰 무게를 두는 경향이 있다. 하고 싶은 직무에 대한 열정을 많이 보여 주고 자신의 이야기를 진솔하게 풀어 나가면 좋다. 공장에서 찍어 낸 듯한 똑같은 자기소개나 명언은 가급적 피하자. 또한 영업직이나 기획팀에 입사하고 싶은 이유와 포부를 적극적으로 보여 주는 것도 좋다.

내가 아는 한 후배는 입사 서류를 기계처럼 계속 제출한다. 그 많은 서류를 제출했는데도 후배는 아직까지 취업을 하지 못했다. 왜 어느 한 곳에서도 연락이 오지 않았을까? 1차 서류 전형에서 계속 불합격을 하는 데는 그만한 이유가 있다. 그런데도 후배는 서류를 계속 내기만 했을 뿐 불합격 이유에 대해서는 전혀 점검하지 않았다. 서류가 제대로 작성되었는지, 오타는 없는지, 스펙이나 경험에 대한 스토리가 부족하지는 않은지 등에 대해서 재검토해야 했다.

나는 인사팀에서 일하면서 오타가 많은 서류나 스펙 나열이 허술한 입사 서류를 종종 보았다. 당연히 이런 서류들은 눈에 들어오지 않았다. 그러므로 계속 서류 전형에서 불합격한다면 일단 사소한 실수부터 점검해야 한다. 그다음에 스펙이나 면접을 점검해야 한다.

실패는 성공의 어머니라는 말이 있듯이 계속 불합격하더라도 좌절하거나 포기하지는 마라. 포기하는 대신 불합격의 이유를 알기 위해 자신을 분석하라. 자신을 잘 알아야 제대로 전략을 세울 수 있다. 당신이 취업이 되지 않는 진짜 이유는 스펙이 아니라 차별화된 전략을 준비하지 않았기 때문이다. 그렇다면 취업에 성공한 이들은 어떤 준비를 했을까? 다음 장에서 살펴보자.

그들은 어떻게
취업이 되었는가?

성공은 열심히 노력하며 기다리는 사람에게 찾아온다.
– 토마스 에디슨

3년 전, 친구 K와 오랜만에 점심 식사를 한 적이 있었다. 한동안 연락이 없었던 K는 밝은 표정으로 나에게 말했다.

"나 S사 붙었다!"

"어머, 축하해! 대단하다."

"나 3개월 동안 그 좋아하던 술도 끊고 친구들도 못 만났잖아. 계속 취업 안 되면 어쩌나 했다."

"너희 학교의 P는 아직도 취업 준비 중이던데, 너는 이렇게 빨리 되다니."

"말도 마. 나 진짜 친구들도 계속 못 만나고 3개월간 거의 수험생처럼 지냈다."

"마음고생이 심했겠구나. 오늘은 마음 편히 맛있는 밥도 먹고 커피도 마시자."

K와 나는 반년 동안 만나지 못했다. 사실 K의 연락 두절에 섭섭했던 것도 사실이었다. 하지만 대화를 통해 그녀가 취업을 위해 정말 많은 노력을 했다는 것이 느껴졌다. K는 지난 3개월 동안 취업 준비에 매진했고, 면접을 위해 혼자서 말하는 연습도 많이 했다. 좋아하던 술도 마시지 않았고, 친구들도 만나지 않았다. 내성적인 성격이었던 그녀는 면접 때 긴장을 많이 할 것 같아서 자신감을 갖기 위해 정말 많이 노력했다고 했다. 그런 K를 보면서 '자기 단점을 저렇게 이야기하는 걸 보니 자신을 잘 아는구나. 그래서 한 번에 붙었나?'라는 생각이 들었다.

또한 그녀는 취업을 위해서 남들처럼 자격증을 따거나 영어 학원에 다니지 않았다. 강점은 명문대 출신이 전부였다. 하지만 내 주위에는 그녀와 같은 학교를 졸업했어도 취업이 되지 않은 사람들이 여러 명 있었다. 그렇다면 같은 조건임에도 불구하고 단 한 번에 합격한 그녀만의 비결은 무엇이었을까? 바로 자신의 단점을 객관적으로 파악해 그것을 개선하기 위한 연습을 많이 했다는 것이다.

사람은 누구나 낯선 상황에서 떨리고 긴장되기 마련이다. 그것이 취업을 위한 면접 장소라면 더 심할 것이다. K는 다른 사람들에 비해 내성적인 자신의 성격을 파악하고, 면접장에서 많이 떨릴 것이라고 예상했다. 떨리면 말도 제대로 못하고 더듬게 되니 좋은 결과를 가져오지 못할 것이라고 판단한 그녀는 3개월 동안 온전히 자신에게 집중했다. 가족들 앞에서도 여러 번 면접 예상 질문들에 대해 답변하는 연습을 했고, 면접 때 드러날 수 있는 자신의 단점을 고치기 위한 연습도 꾸준히 했다. 이러한 노력은 결국 K가 취업에 성공하는 비결이 되었다.

마이크로소프트 창립자인 빌 게이츠는 "자신의 단점에 도전하라. 성공은 절대 저절로 찾아오지 않는다."라고 말했다. 그의 말처럼 K는 자신의 단점을 극복하기 위해 노력했고 그 결과 취업에 성공했다. 자신의 단점을 알고 극복해 내면 누구나 원하는 일에 성공할 수 있다.

나는 D사 인사팀에서 재무팀 사원을 채용하기 위해 면접관으로 참여한 적이 있었다. 면접 장소에는 서류 전형을 통과한 5명의 지원자가 있었다. 각 지원자들에게 다음과 같은 질문이 주어졌다.

"재무제표를 구성하는 요소들을 말해 보세요."
"재무제표의 구성요소는… 음, 기억이 잘 안 납니다."

"회계학과를 나왔는데 재무제표의 구성요소를 모르세요?"

"…"

2명의 지원자는 기억이 잘 나지 않는다고 답변했고, 다른 지원자 2명은 대답을 하다 그쳤다. 주석까지 포함한 구성 요소들을 모두 대답한 지원자는 단 한 명뿐이었다. 그 지원자는 다른 지원자들보다도 서류상 스펙이 월등히 뛰어난 것도 아니었다. 5명 모두 회계 관련 자격증이 있었기 때문에 누구 하나 뚜렷이 서류 전형에서 1등이라고 할 수는 없는 상태였다. 그래서 대졸 회계학과라는 이력을 보고 기본 지식을 물었는데 단 한 명만 대답한 것이다.

유일하게 답변한 지원자 L은 그로 인해 자신감이 생겼는지 다른 질문에도 모두 자신감 있게 대답했다. 반면, 대답을 하지 못한 지원자들은 그다음 질문들에 자신 없는 모습을 보였다. 같은 조건에서 자신감 있게 답변을 한 L의 모습은 당연히 면접관들의 눈에 들어왔고 신뢰가 갔다. 결국 L은 취업에 성공했다.

L이 합격할 수 있었던 이유는 면접 태도였다. L은 회계학과의 지식과 지원하는 부서의 업무를 차분히 정리한 뒤 답변했다. 질문에 대해서 바로 대답하지 않고, 한 박자 쉬고 대답했다. 차분히 말하는 연습을 많이 한 듯 보였다. 그것이 오히려 긴장하지 않고 차분하게 면접에 임한다는 인상을 주었다. 빨리 대답하고 정답을 말해야 하는 것은 면접관들이 원하는 것이 아니다. 면접관들은

답변하는 방식, 정보 습득, 답변 태도 등 여러 가지 측면에서 판단한다.

면접관의 질문에 대해서 답변을 제대로 못했다 하더라도 계속 자신감 있게 면접에 응해야 한다. 물론, 면접관이 객관적인 정보에 대한 질문을 했을 때는 정답을 자신 있게 말하는 것이 가장 좋다. 하지만 답이 생각나지 않아서 대답을 못했다 하더라도 자신감 있는 태도가 중요하다. 쭈뼛거리면서 자신감 없는 태도를 가신 사람을 회사 입장에서 채용하고 싶지는 않기 때문이다. 자신감은 취업 전쟁에서 큰 무기임을 기억해야 한다.

취업을 준비하는 기간에는 자신에게 백 퍼센트 집중하고 실전처럼 연습해야 한다. 면접 때는 누구나 긴장하기 마련이다. 긴장된 상황에서 실수 없이 자신감 있게 임하기 위해서는 자신만의 방법으로 연습하는 것이 필요하다. 스펙을 더 쌓기보다는 면접을 볼 때 드러날 수 있는 자신의 단점을 파악하고 보완하라. 그것이 이력서에 추가되는 한 줄의 스펙보다 취업에 성공할 수 있는 확실한 방법이 될 것이다.

목표를
제대로 세워라

계획이 실패하는 이유는 목적이 없기 때문이다.
어느 항구로 가야 할지 모른다면 어떤 바람도 옳은 길로 향하지 않는다.
　　　　　　　　　　　　　　　　　　　　－ 세네카

"나는 목표를 세운 다음 이를 머릿속에 구체적으로 그려 본다. 그 목표에 대한 갈망은 추진력이 된다. 그렇게 갈망하는 비전을 떠올려 보는 일은 내게 즐거움을 준다. 목표를 실현하기 위한 추진력으로 갈망을 품는다."

"목표는 앞으로 일어날지도 모르는 일에 대한 추측이 아니라, 당신이 실제 일으킬 수 있는 일을 상상하는 것이다."

할리우드 최정상급 배우인 아놀드 슈왈제네거와 경영학의 대가로 불리는 게리 하멜의 말이다.

당신의 목표는 무엇인가? 막연한 기대보다 실제로 원하는 기업에 취직해서 일하는 자신의 모습을 상상해 보자. 단순히 '어딘가 취직이 되겠지'라는 뚜렷하지 않은 목표보다 구체적인 목표를 설정하는 것이 중요하다. 목표를 제대로 세우면 취업 방향에 맞춰 준비할 수 있기 때문이다.

'서울시 강소기업 우수인재 취업을 위한 채용마당'에서 있었던 일이다. 나는 취업과 면접을 주제로 컨설팅을 진행하고 있었다. 줄을 서 있던 한 남학생이 컨설팅을 받기 위해 자리에 앉았다. 나는 그 학생에게 질문을 했다.

"취업하고 싶은 업계나 업종이 있습니까?"

"취직될 수 있는 곳이면 돼요. 제 학점으로 갈 수 있는 회사가 있을까요?"

"토익 점수나 아르바이트 경험은 있습니까?"

"없어요. 대신 동아리 활동은 열심히 했어요. 토익은 아직 공부 중입니다."

"그럼 여기에 작성한 동아리 활동을 좀 더 구체적으로 적고 취득한 자격증이 있으면 작성하세요."

"네."

"토익 점수는 다음 달에 바로 시험 보시면 될 것 같네요. 한 번 보고 점수가 부족하면 다시 봐야 하니까요. 서류 전형도 날짜가 곧 다가오네요."

"네."

"하고 싶은 직무는 어느 쪽이죠? 전공과 무관한 직무를 희망하는 지원자도 있습니다."

"경영학과인데 부서가 크게 상관이 있을까요? 회사가 중요하니 회사를 보고 지원하려고 합니다. 대기업 위주로요."

"취업 목표는 세우셨어요?"

"목표가 꼭 있어야 되나요? 무조건 붙는 게 목표죠."

"일단 구체적인 취업 목표를 세우는 게 중요합니다."

나는 그 학생과 대화하면서 놀랄 수밖에 없었다. '취업을 하겠다는 사람이 상담을 받으러 왔는데 아무 목표도, 계획도 없이 오다니! 이 학생은 과연 나중에 취업이 빨리 될 수 있을까?' 하는 생각이 들었다. 목표 설정은 모든 성취와 달성의 열쇠다. 또한 목표를 세워야 자신이 우선순위로 해야 할 일들을 알 수 있다. 자신의 목표를 이루기 위해 세부적인 계획을 세우다 보면 빈 구멍이 보이고 그것을 채우는 작업을 하게 된다.

27세에 백만장자가 된 폴 마이어는 "노력을 하고 있다 하더라도 목표가 없이는 제자리걸음을 하고 있는지도 모른다."라고 말했다.

뚜렷한 목표는 우리가 원하는 방향으로 나아갈 수 있도록 나침반 역할을 해 준다. 그것을 이루기 위해 갈망과 열정으로 가득 차게 되고, 결국에는 원하는 것을 이루게 되기 때문이다.

처음부터 자신의 목표를 구체적으로 세우면 실패를 줄일 수 있다. 실패를 줄이기 위한 목표 설정 4단계는 다음과 같다.

첫째, 진짜 하고 싶은 일이 무엇인지 확인한다.

진로 검사와 적성 검사를 무료 사이트에서 받아 보자. 워크넷(www.work.go.kr), 커리어넷(www.career.go.kr)에서 검사를 받은 후, 그중에서 내가 하고 싶은 일이 있는지 확인한다.

둘째, 구체적인 목표를 세운다.

취업에 성공했다고 해도 마음에 안 들거나 일이 맞지 않으면 중간에 그만둘 수도 있다. 자신의 전공과 관심사, 잘하는 것, 인생의 꿈이 지원하는 직무와 적합한지 확인한다.

셋째, 인생의 로드맵을 어떤 방향으로 그려 나갈 것인지 구체적인 계획을 세운다.

예를 들어 '2017년 10월까지 B사에 취업한다', '2017년 11월에 A사 마케팅팀에 꼭 입사한다' 등의 목표를 세운다.

넷째, 실제로 원하는 기업을 찾아보고 그 기업에 입사한 나의 모습을 구체적으로 상상한다.

나는 가천대학교 취업 박람회에서 면접 이미지메이킹에 대해서 컨설팅을 한 적이 있었다. 긴 머리의 한 여학생이 상담 테이블 앞에 앉았다. 그녀는 앉자마자 자신에 대해서 쉬지 않고 구체적으로 말하기 시작했다. 궁금한 것들이 많은 만큼 질문도 많았다.

"면접을 보러 갈 때 새벽에 친구들이 전문 숍에서 메이크업을 받고 가는데 꼭 그렇게 해야 되나요? 저는 경영학과라서 해외 마케팅 부서에 꼭 가고 싶어요. 업계도 정했고요. 두 달 후 서류 전형에 지원서를 넣을 예정이에요. 그 회사는 제가 제일 다니고 싶은 곳이고요. 제 목표는 올해 안에 4개의 회사 중에 꼭 합격하는 거예요. 그래서 면접 때 어떻게든 꼭 붙고 싶어요. 저 같은 경우는 머리를 어떻게 하고 가는 게 좋을까요? 제가 키가 작은데 7cm 정도 굽의 구두를 신어도 될까요?"

그녀는 확실한 목표도 있고 열정도 있었다. 이미 써 놓은 자기소개서와 이력서를 준비했고 계속 수정하는 중이라고 했다. 면접 때의 외모나 복장에 대해서도 무척 관심이 많았다. 어떻게 하면 합격할 수 있는지에 대해서 매우 궁금해했다. 그녀는 내가 말해 주는 것을 노트에 꼼꼼히 적었다. 준비성이 아주 철저했다. 나는 그녀가 꼭 취업에 성공할 것이라고 확신했다. 나의 예감은 적중했다. 몇 개월이 지나자 그녀에게서 합격했다는 이메일이 온 것이다.

나는 취업 박람회, 잡 페어, 채용 마당에서 되도록 짧게 상담을 해 준다. 기다리는 학생들의 줄이 너무 길어서 한 명만 오래 상담을 해 줄 수는 없기 때문이다. 주어진 시간 동안 많은 학생들과 상담을 하다 보면 느끼는 점들이 많다. 취업 목표를 제대로 세우는 것이 얼마나 중요한지와 목표가 구체적으로 있는 것과 없는 것은 천차만별의 결과를 가져온다는 것이다.

아직 취준생들은 목표 설정이 얼마나 중요한지 체감하지 못할 수 있다. 하지만 취업에서 목표 설정이란 자신이 진정 하고자 하는 업무와 연결되어 향후 자신의 커리어와도 밀접한 관계를 맺게 된다. 인생에서 첫 직업을 갖는 것이 얼마나 소중한 일인가! 목표를 설정하면 취업 방향을 정하기가 훨씬 수월해진다. 그만큼 원하는 곳에 취업하는 시간도 빨라질 수 있다는 의미다.

폴 마이어는 "목표 설정을 통해 성공에 이른다. 항상 무언가를 시작할 때는 뚜렷한 목표치를 설정하라. 목표가 없는 노력은 비효율적인 결과를 낳게 마련이다."라고 말했다. 무엇을 하든 목표가 명확해야 한다. 그래야 그에 맞는 전략을 수립하고 실행할 수 있다. 취업을 하고 싶다면 제대로 된 목표를 세우자. 목표가 구체화될수록 합격할 확률이 높아진다. 제대로 된 목표가 없다면 지금 당장 구체적으로 적어 보자.

어학연수와 자격증이
진짜 필요할까?

운은 계획에서 비롯된다.
– 브랜치 리키

어느 날, 회사에서 넉 달째 일하고 있던 한 아르바이트생이 나에게 이렇게 말했다. 그녀는 서류 한 장을 들여다보며 들떠 있었다.

"저 2주 후에는 그만둬야 할 것 같습니다. 엄마가 퇴원하시면 함께 시간을 보내다가 필리핀으로 어학연수를 가려고 해요. 7월에 출발하기로 정했어요."

"갑자기 어학연수를요?"

"원래 어학연수를 가고 싶어서 돈 모으는 중이었거든요. 이제

돈을 모았으니 영어를 정말 잘하고 싶어서요. 요새는 영어를 잘해
야 취직이 잘 된다고 하더라고요."

"그러면 휴학을 오래 하겠네요."

"네. 영어를 배우려면 어쩔 수 없죠."

"알겠어요. 일단 2주 동안 업무 잘 마무리해 주세요."

그녀는 어머니의 간호를 위해 한 학기 동안 휴학을 했다. 보통
일주일에 3번 회사에 나와 오후 1시부터 5시까지 일했다. 마침 회
사에서도 아르바이트생을 단기적으로 채용하면 좋겠다는 의견이
있어서 몇 개월 동안 채용했던 터였다. 그녀는 홈페이지에 이미지
를 업데이트하거나 엑셀, 워드로 필요한 자료를 정리했다. 그래프
와 자료를 가지고 보고서를 만들기도 했다. 처음에는 엑셀을 잘
사용하지 못했는데 점점 늘면서 어느 정도 업무가 익숙해질 즈음
이었다.

나는 그녀가 왜 필리핀으로 어학연수를 가는지 도무지 이해
가 되지 않았다. 회사 업무에 더 익숙해지면, 나중에 그녀가 다른
회사에 취업할 때 큰 도움이 될 것이 분명했기 때문이다. 게다가
필리핀의 모국어는 영어가 아니기 때문에 발음이나 구사 방법이
조금씩 달라서 취업에 큰 도움은 되지 않을 터였다. 그리고 한국
인 집에서 하숙을 한다니 말리고 싶을 정도였다. 정말 필리핀으로
어학연수를 6개월 동안 다녀온다고 취업에 도움이 될 정도로 영

어 실력이 확 늘어날 수 있을까?

취업 준비생들은 보통 어학연수에 대해서 잘못 생각하는 경우가 많다. 한국에 있을 때보다 영어를 월등하게 잘할 수 있다는 착각을 하는 것을 종종 봤다. 마치 어학연수가 유행이라도 되는 듯 너도 나도 가는 것이 과연 얼마나 유익할지 의문이다. 그래도 정말 가고 싶다면 동남아시아보다는 모국어가 영어인 나라로 가는 것을 추천한다.

내가 뉴욕에서 대학교에 다니고 있을 때의 일이다. 많은 한국 학생들이 영어를 배우기 위해 뉴욕에 왔다. 대부분이 몇 개월 후 한국으로 돌아갈 때 영어로 쇼핑하고 주문하는 기본적인 의사소통을 할 수 있는 정도였다. 조금이라도 복잡한 대화는 불가능했고 더욱이 회사에서 업무를 할 수 있는 수준의 영어는 물론 아니었다.

그들의 어학연수 코스는 '외국인을 위한 랭귀지 프로그램'으로 대다수가 한국인과 중국인 학생들이었다. 유럽에서 오거나 그 외의 나라에서 온 학생들은 2~3명 정도였다. 실제로 현지의 미국인들을 만날 기회보다는 외국인들끼리 영어로 소통하는 경우가 더 많았다. 심지어는 프로그램의 같은 레벨에는 모두 한국 학생들로만 이루어진 수업도 있었다. 수업 후에도 그들은 같은 나라 출신들끼리 몰려다녔고 영어를 사용할 기회도 적었다. 물론 자신의 노력에 따라 어학연수 동안 영어 실력이 향상될 수도 있지만, 어학연수를 다녀온다고 해서 기대만큼 결과가 항상 좋은 것만은 아니다.

제대로 된 어학연수를 가려면 한국인이 없는 영어권 나라의 시골로 가라고 권하고 싶다. 그 나라의 문화에 푹 빠져서 현지인들과 어울리는 것이 영어를 향상시키는 제일 좋은 방법이다. 어학연수를 다녀와서 자신의 영어 실력이 월등히 달라져 있기를 바란다면 연수 내내 영어로만 말하도록 노력해야 한다.

면접 지원자들 중에 어학연수를 다녀온 사람과 그렇지 않은 사람이 있다고 가정해 보자. 지원자들이 영어로 자기소개를 할 경우, 면접관 입장에서는 어학연수를 다녀온 지원자가 그렇지 않은 지원자보다 당연히 영어를 더 잘 구사할 것이라고 기대한다. 즉 기대치가 다르다는 것이다. 따라서 어학연수를 다녀온 만큼 영어 실력이 차이 나는 것을 보여 줄 만한 수준이 되어야 한다. 면접관 입장에서 '이 지원자는 어학연수도 다녀왔는데 생각보다 영어를 잘 못하네' 또는 '어학연수도 다녀왔는데 이 정도밖에 못하나?'라는 생각이 들게 해서는 안 된다.

어학연수를 가면 최대한 현지인과 소통을 많이 해야 한다. 그래야 영어뿐만 아니라 문화도 많이 접할 수 있다. 또한 이러한 경험은 어느 회사에 입사하든 분명히 도움이 될 것이다. 외국인들과 의사소통을 하는 데 두려움이 없어서 해외 업무를 처리할 때도 수월할 것이다.

또한 어학연수를 가기 전에 득과 실을 꼼꼼히 따져 보고 실행에 옮기는 것이 좋다. 어학연수 자체가 중요한 것이 아니라 어학연수를 통해서 자신이 어느 정도 발전할 수 있고 영어 실력이 얼마나 많이 향상될 수 있는지 목표를 정해야 효과를 볼 수 있다. 어학연수를 위해서 돈과 시간을 낭비했는데도 불구하고 한국에서 회화를 공부한 학생들과 별반 차이가 없다면 어학연수는 무용지물이나 다름없다.

한국에서 영어 회화를 공부할 방법이 전혀 없는 것은 아니다. 나는 미국으로 유학을 가기 전 미국인에게 일대일로 개인 회화를 배웠다. 일주일에 3번씩 몇 가지 주제를 정해서 계속 대화를 했다. 미국 학생들이 많이 사용하는 언어에 대해서도 배웠다. CNN을 청취하고 잠깐씩 앵커의 문장들을 끊어서 내 나름대로 연습도 했다. 일대일 방식으로 진행되었기 때문에 영어를 능숙하게 하지는 못하더라도 한 시간 동안 내가 영어로 말하는 양이 상당했다. 이 방법으로 영어 실력이 많이 향상되었다. 첫 수업 때 더듬거리면서 말했던 영어 문장들이 조금씩 매끄러워지며 길게 말할 수 있게 되었다. 기업마다 원어민 면접을 진행하는 곳도 있으니 이 방법은 분명히 도움이 될 것이다.

그렇다면 자격증은 취업에서 얼마나 중요할까? 실무에서 바로 사용할 수 있는 자격증이나 지원하려는 직무에 적합한 자격증은 도움이 된다. 금융 자격증도 좋고, 이공계, 자연계는 자격증을 취득하는 편이 유리하다. 나의 친구 B는 서울 소재의 대학교 수학과를 졸업했다. 그녀는 성적도 좋았고, 취업을 준비하면서 공인회계사 자격증도 취득했다. 나중에 보험회사에 취업할 때 이 자격증은 전문 자격증으로 가산점이 되었다.

하지만 여기서 주의할 점은 자격증이 있다고 해서 무조건 취업이 되는 건 아니라는 것이다. 자신이 지원하려는 회사나 직무와 연관이 없이 이것저것 취득한 자격증은 이력서에 작성하지 않는 것이 좋다. 산만한 자격증 목록들은 전문성이 떨어져 보이고 오히려 면접관에게 좋지 않은 인상을 심어 줄 수 있다. 그저 스펙 한 줄을 추가하기 위해 취득한 자격증이나 인정받기 힘든 자격증은 이력서에 기입하지 않는다. 어떤 자격증이 채용에 유리할지 항상 신중히 생각하고 작성하는 것이 좋다. 취업에서는 자격증의 취득 여부와 개수가 취업의 당락을 모두 결정하는 것이 아니다.

취업이라는 큰 그림을 보고 전체적인 조각을 맞춰서 그림을 채워 보자. '어학연수를 갔다 오면 더 좋다', '자격증이 하나라도 더 있으면 합격한다', '어학연수를 갔다 오면 영어만큼은 잘하겠지' 등의 생각은 하지 말자. 회사에서는 인재를 채용할 때 어학연수를 다녀왔다고 해서 지원자를 더 좋게 보거나 자격증 개수가 많다고 해서 채용하지 않는다. 다른 중요한 요소들도 채용의 고려 대상이니 어학연수와 자격증 외에 더 중요한 요소들이 많다는 것을 놓치지 말기를 바란다.

06

밑도 끝도 없이
영어 공부만 하지 마라

작은 일들이 모두 올바른 방향으로 가기 위해서는
작은 일을 하는 동안에도 '큰일'을 생각해야 한다.
– 앨빈 토플러

　대부분의 학생들은 주로 토익 공부를 영어 공부라고 착각한다. 하지만 토익을 공부한다고 해서 영어를 잘하게 되는 것은 아니다. 또한 무작정 오래 토익을 공부한다고 점수가 높아지는 것도 아니다. 집중해서 단기간에 끝내고 다음 단계로 넘어가 회화 및 영어 면접 준비를 해야 한다. 성공적인 취업을 위해서는 토익과 회화 두 마리 토끼를 잡아야 하기 때문이다.

　많은 학생들이 토익 점수가 이미 있는데도 조금이라도 더 점수를 올려서 이력서에 쓰고 싶어 한다. 물론 토익 점수는 필요하다. 회사의 1차 서류 전형에서는 개인별 영어 역량을 수치화된 시험 점수로 걸러 내기 때문이다. 하지만 단 몇 점 차이가 불합격 당락을 결정짓지는 않는다. 높은 토익 점수가 고스펙은 아니라는 것이다. 회사에서 요구하는 토익 점수나 자신이 정해 놓은 점수에 도달했을 때는 더 이상 욕심을 부리지 말고 시험 보는 것을 그만두자. 점수를 더 올리기 위해서 토익을 공부할 시간에 취업하고 싶은 기업에 대한 분석과 면접 준비를 더 하는 것이 유리하다.

내 친구 A는 서울 강남의 한 대형 학원에서 토익을 가르치던 잘나가는 강사였다. 그녀의 반은 학생들로 항상 붐볐고 방학 때는 일찍 마감되었다. 수강생들은 휴학을 하거나 방학 때 토익을 공부하는 학생들, 아직 토익 점수가 없는 취준생들이었다. 그녀가 추천한 토익 고득점 방법은 주로 방학 때 단기적으로 집중해서 공부하는 것이었다. 토익 점수 없이 대학교 4학년이 되면 이미 늦는다. 최소한 3학년 2학기 때까지는 토익 점수가 있어야 취업 계획을 잘 세울 수 있다. 토익 공부를 오래 한다고 점수가 잘 나오는 것은 아니기 때문에 휴학을 하고 공부를 오래 하는 것은 절대로 추천하지 않는다. 방학 3개월 동안 준비해서 3학년 2학기까지 목표 점수를 획득해 놓자. 토익 점수의 유효 기간은 2년이므로 취업 시기와도 잘 맞아떨어진다.

그렇다면 단기간에 어떻게 토익 점수를 획득해야 할까? A는 대학교를 다니는 동안 영어와 담을 쌓으면 토익 공부를 시작했을 때 기초가 부족하다고 했다. 그래서 대학교 입학 후에는 영어와의 끈을 완전히 놓지 않아야 한다.

토익 성공의 5가지 법칙

1. 경험 삼아 토익 시험을 본다.

2. 시험 결과를 바탕으로 구체적인 방향을 정한다.

3. 자신만의 토익 전략을 세운다.

 – 600점 이하라면 영문법부터 공부한다. 기초적인 문법과 문장구조를 익힌다.

 – 700점이 목표라면 전문 학원에서 토익 수업을 듣는다. 하지만 학원만 너무 맹신하지는 말고 스스로 공부해야 한다.

 – 900점이 목표라면 스터디를 하면서 오답 노트를 정리한다. 정해진 시간 안에 실전처럼 모의고사를 푼다. 오답 노트로 자신의 실수를 줄이는 것이 고득점으로 가는 지름길이다.

4. 3.3법칙을 지킨다.

 시험을 3번 정도 여유 있게 봐야 한다. 한 달에 한 번씩 보면 된다.

 반드시 3개월 안에 집중해서 필요한 시험 점수를 획득한다.

5. 토익 점수를 올리는 데 미드나 CNN은 당장 큰 도움이 되지 않는다. 토익 점수를 획득한 후 이들을 시청하는 편이 좋다.

사람마다 영어 실력과 점수가 다르므로 자신의 상황에 맞게 공부하는 것이 효율적이다. 밑도 끝도 없이 남들이 하는 방법으로 영어를 공부한다면, 토익과 회화 모두 놓칠 수 있다. 토익 준비를 끝낸 후 회화를 통해 실무 능력을 키워야 한다. 흔히 회화는 회화 학원을 다니거나 미드를 보면서 공부하는 사람들이 많다. 하지만 이러한 방법들보다는 우선 문장을 큰 소리로 따라 하면서 반복적으로 연습하는 것이 중요하다. 그리고 직접 문장을 여러 번 써 보면서 능동적으로 학습하려는 노력이 필요하다.

기초 회화는 눈으로 보는 것만으로는 충분하지 않다. 얼마나 자주 영어를 직접 말하면서 반복하느냐가 중요하다. 일상생활에서 자주 말하는 연습을 하지 않으면 아무리 좋은 영어 학원에 가서 몇 시간 동안 회화를 배운다 해도 절대 늘지 않는다. 그러므로 영어에 노출될 수 있는 환경을 만들기 위해 노력해야 한다. TV의 영어 프로그램이나 드라마, 인터넷 동영상을 보는 것도 좋다. 수시로 켜 놓고 무의식중에라도 영어 대화들을 계속 듣다 보면 많이 들리는 영어 단어나 문장이 있을 것이다. 그 표현들을 수시로 따라 해서 익숙해져야 한다. 영어 학원에 가서 회화를 배우는 시간에만 영어 대화를 하는 것보다 수십 배의 효과가 있을 것이다.

영어 역량을 키우면서 면접을 위해서 영어로 준비할 사항들이 있다. 이 방법은 취업을 하는 데도 필요하고, 취업 후에도 필요한 역량이므로 기억해 두는 것이 좋다.

1. 다음 질문들에 대해 영어로 답변을 준비하자. 면접장에서 갑자기 영어로 자기소개를 하게 될 수도 있다. 특히 영어가 조금이라도 관련된 직무에 지원하는 사람에게는 간단한 영어 회화가 필수다.

- Tell me about yourself.

- What are your strength and weakness?

- What do you know about this company?

- What is your 5 year plan?

- Why do you think you can be successful in the position?

2. 말을 구사할 때 완벽한 문법을 생각하기보다는 더듬거리지 않고 천천히 뜻을 전달하는 것에 중점을 두자.

- 전치사나 복수, 단수 등은 크게 신경 쓰지 않아도 된다.

- 주장을 할 때는 I believe~, 구체적 예시를 들 때는 For example~, 긍정적인 단어를 사용할 때는 help, 자기소개를 할 때는 experience 등의 단어를 사용하는 것이 좋다.

3. 면접관이 많이 질문하는 부분은 주로 자기소개서에 나온 내용이다. 관련 질문에 대답할 수 있도록 준비하자.

- 자기소개서에 대한 내용을 질문했을 때, 영어로 답변할 수 있도록 준비하자.

예전에 대기업 H사의 마케팅팀에 지원했던 적이 있다. 면접은 개인 면접과 단체 면접으로 이루어져 있었는데, 첫 번째 면접에서 면접관이 갑자기 영어로 질문을 했다. 내 이력서의 유학 경험을 보고 질문을 한 것이었다. 순간 나는 당황할 수밖에 없었다. 영어는 웬만큼 하는 수준이었지만 영어로 답변해야 한다는 것은 예상치 못한 일이었기 때문이다. 이 면접을 통해 나는 한국어뿐만 아니라 영어 면접도 연습이 필요하다는 것을 깨달았다. 한국어를 잘한다고 면접에서 대답을 잘하는 것이 아니듯, 영어를 잘한다고 해서 영어 면접을 잘하는 것은 아니기 때문이다. 결국 나는 불합격하고 말았다.

기업들의 글로벌화 추세로 면접에서도 영어의 비중이 갈수록 높아지고 있다. 원어민 영어 면접을 진행하는 회사도 있다. 예를 들어, 현대자동차는 전 계열사에서 신입 사원 채용 시 영어 면접을 본다. 이공계생도 영어 인터뷰를 한다. LG화학은 모든 직무에서 영어 면접을 실시하고 있다. 이외에 신세계, 이마트, 롯데백화점, 대한항공, 하나투어 등도 영어 면접이 필수다. 취업 포털 잡코리아가 YBM토익위원회와 공동으로 구직자 563명을 대상으로 한 설문에서 응답자의 51.2%가 "면접 과정에 영어 면접이 있었다."라고 답했다. 한편, 영어 면접이 아닌 "일반 면접에서 영어로 질문을 받았던 적이 있다."라고 대답한 구직자도 35.7%였다. 이처럼 일반 면접에서도 영어의 비중이 높아지고 있다. 그러므로 취업 준비생들은 이러한 돌발 상황에서 당황하지 않고 대응을 잘할 수 있도록 미리 준비하는 자세가 필요하다.

일 년 내내 잘못된 방향으로 영어를 공부하지 말고 3개월 안에 토익을 끝내라. 장기간 토익을 준비한다고 해서 높은 점수를 얻는 것은 아니다. 몇 개월 동안 문제만 푸는 영어 공부만 계속하는 것보다 계획성 있게 다음 단계를 실행해야 한다. 우선 토익을 단기간에 끝낸 후 영어 면접 준비 단계로 넘어가라. 그리고 많이 사용하는 회화를 따라 하면서 영어에 익숙해져야 한다. 또한 영어 면접을 꼭 보지 않더라도 항상 준비하라. 면접관이 돌발적으로 영어 회화를 시킬 수도 있다. 결국 면접 질문과 답변을 영어로 계속 연습하는 것이 중요한 합격 요인이 될 것이다. 더 나아가서 미래의 직장에서 업무를 할 때도 도움이 된다는 것을 잊지 말자.

흔한 자기소개서와 이력서에서 탈출하라

프랑스의 소설가이자 극작가인 몽테 로랑은 "평범과 비범의 차이는 노력을 조금 더 기울이느냐, 기울이지 않느냐에 따라 결정된다."라고 말했다.

보통 취업 준비생들은 자기소개서를 작성할 때 명언이나 광고 문구를 많이 쓴다. 성장 과정을 주절주절 늘어놓는 경우도 많다. 신기하게도 시절마다 유행하는 형식이 있는지 지원자들의 문구가 겹치는 경우도 많다. 또한 이력서에는 비슷한 스펙들을 나열한다. 나는 이러한 흔한 자기소개서를 많이 봐 왔다. 자기소개서 중에는 자신의 성장 과정만 길게 나열하다가 앞으로의 포부만 밝히고 급하게 끝맺는 글도 많았다. 예를 들어, 자신이 어디에서 태어나고 몇 남 몇 녀라는 것 등 이미 이력서에 명시되어 있는 신상 정보들을 나열하는 것이다.

인사 담당자는 자기소개서에서 이력서에 나와 있지 않은 지원자의 다른 면들을 좀 더 알고 싶어 한다. 또한 여러 가지를 두서없이 나열하는 것보다는 한 가지 경험을 구체적으로 묘사하며 자신이 어떤 사람이라는 것을 보여 주는 것이 좋다. 이 경험을 통해 자신이 어떤 생각을 했으며 어떻게 대처했는지, 혹은 무엇을 배웠는지 등 자신을 표현하면 좋다. 각자의 경험은 특별하고 식상하지 않기 때문에 인사 담당자는 자기소개서를 읽는 데 몰입할 수 있다. 수십 명의 자기소개서를 읽어야 하는데 식상한 이력서를 끝까지 정성스럽게 다 읽겠는가? 이미 인사 담당자는 많은 서류를 읽느라 피곤한 상태다.

자기소개서의 장단점 항목에는 흔한 키워드가 너무 많다. 많은 지원자들이 사용하는 키워드는 간혹 서로 베꼈다는 느낌이 들 정도로 비슷하다. 장점으로는 성실함, 원만한 대인관계라는 키워드가 많고, 단점으로는 과한 열정, 꼼꼼함 등의 키워드가 많다. 공장에서 물건을 대량으로 찍어 내듯 자기소개서를 찍어 낸 것 같은 느낌이 든 적이 한두 번이 아니다. 나는 '그들은 왜 모두들 과한 열정과 꼼꼼함을 단점으로 꼽을까? 자신의 단점을 단점이 아

닌 장점으로 보여 주기 위한 것일까? 조금만 더 노력해서 다른 점
을 보여 줬으면 좋았을 텐데'라는 생각이 들었다.

흔한 자기소개서에서 탈출하는 7가지 TIP

1. 첫 문장에서 읽고 싶도록 만들어야 한다.

인터넷에서 떠도는 내용으로 짜깁기하는 것은 금물이다. 떠도는 내용에는
모두 같은 명언이나 문구를 사용하기 때문이다. 저는 어렸을 적에~, 저는
어렸을 때부터~ 등으로 시작하는 자기소개서는 피하는 것이 좋다.

2. 여러 사례보다는 한 가지 특별한 일화를 구체적으로 작성한다.

자신의 경험들을 나열하다 보면 산만해지기 쉽다. 한 가지 경험을 활용해
어떤 결과가 있었는지 진술하고 구체적으로 보여 주는 것이 좋다. 예를 들
어서 아르바이트를 했다면 그 일을 하는 동안 어떤 에피소드가 있었고 그것
을 통해서 무엇을 배웠는지 진솔하게 쓰는 것이다. 더구나 취업하고자 하는
분야의 아르바이트라면 일석이조다.

3. 군대 이야기는 너무 많이 해서 식상하니 쓰지 않는 것이 좋다.

군대에서 힘든 것들을 극복하고 리더십을 키웠다는 내용은 이제는 너무
흔한 내용이다. 남자라면 누구나 가는 군대 이야기는 전혀 특별한 스토리가
될 수 없다.

4. 짧고 읽기 쉬운 단문으로 작성한다.

인사 담당자는 수많은 지원서를 본다. 눈에 띄기는커녕 읽기에 피곤한 글은 안 읽을 확률이 높다. 읽기 쉬운 글로 이미 피곤한 채용자의 시선을 사로잡자.

5. 과거 이야기에 대한 소재는 신중하게 선택한다.

나에게 득이 될 수 있는 일화를 선택하는 것이 중요하다. 부정적인 인상을 줄 수 있는 경험은 굳이 보여 줄 필요는 없다.

6. 과도한 욕심을 부리기보다 솔직하게 작성해야 한다.

직무에 대한 열정은 항상 플러스 요인이다. 스펙만을 강조하는 나열식의 자기소개서보다는 한 가지의 경험을 구체적으로 풀어내며 자신을 드러내는 것이 중요하다. 이러한 과정에서 자신의 생각과 느낀 점을 작성하고 관심 있는 직무에 대한 열정과 인성을 가졌다는 것을 보여 줘라.

7. 회사의 인재상을 자신의 경험과 연관 지어서 작성한다.

흔한 이력서에서 탈출하는 4가지 TIP

1. 전공이나 직무와 무관한 자격증은 작성하지 않는다.

2. 지원하는 직무와 관련 있는 인턴, 아르바이트, 해외 경험을 작성한 다. 너무 동떨어진 경력이나 짧은 기간 동안 잠깐 했던 일들은 작성 하지 않는 것이 좋다. 또한 직무와 무관한 자격증을 마구잡이로 나열 하는 것은 피하자. 단, 회계 관련 자격증이나 전문성 있는 자격증들은 작성하는 것이 좋다.

3. 취미와 특기가 지원 직무의 성향과 일관성이 있는지 확인한다.

4. 사진은 정장 차림으로 깔끔하게 나오도록 하고, 셀프 카메라는 피한다.

이상의 팁들을 바탕으로 흔한 자기소개서와 이력서에서 탈출 하라. 평범함에서 벗어나야만 원하는 것, 즉 '합격'을 얻을 수 있 다. 한 번에 당장 취업하고 싶다면 과감히 탈출을 감행하자.

이기는 취업이
답이다

강력한 이유는 강력한 행동을 낳는다.
– 윌리엄 셰익스피어

    취업난이 심각한 요즘, 취업 준비생의 평균적인 취업 준비 기간은 대략 11개월 정도 된다고 한다. 취업 준비를 한 지 일 년이 넘었는데도 구직을 하지 못하면 장기 미취업자가 되어 버리는 상황이다. 나는 구직 활동을 입시처럼 임해야 된다고 생각한다. 즉 집중해서 단기간에 끝내야 한다는 말이다. 그러려면 자기 자신과의 싸움에서 이겨야 한다. 놀 것 다 놀고 하고 싶은 것 다 하면서 언제 취업 준비를 할 수 것인가? 각 회사에 적합한 자기소개서와 이력서를 꼼꼼하게 준비할 수 있을까? 면접 때는 충분히 연습이 된 상태에서 답변할 수 있을까?

나에게는 친한 사촌 동생이 있다. 가끔 만나서 밥도 먹고 대화도 많이 하곤 했다. 평소 사촌 동생은 해외로 선교 활동을 몇 개월 동안 가곤 했다. 또한 대외 활동도 많이 하고 대학교 방학 기간에는 인턴으로 일하기도 했다. 대인 관계도 원만했고, 아무리 바쁘더라도 교회에서 하는 모든 행사에 참가하며 리더로서 많은 활동을 했다.

그러던 어느 날, 사촌 동생에게서 전화가 한 통 걸려 왔다.

"누나, 잘 지내지?"

"응. 너도 잘 지내지? 요새 왜 이렇게 조용해?"

"나 취업 준비하느라 계속 바빠서."

"어떻게? 준비는 잘 되어 가?"

"직무 적성 검사 책 보러 도서관 다니고 면접 준비도 하고 지원할 회사들도 엄청 알아보는 중이야. 생각보다 할 일이 많네."

"많이 바쁘겠다. 취직하려면 준비할 게 많잖아. 잘 준비하면 꼭 취업할 수 있을 거야."

"응. 몇 개월 동안은 잠수 타려고. 이것저것 다 하다 보니 집중이 안 돼. 교회 활동도 많이 못하는 중이야. 요새는 예배만 드리고 오거든. 빨리 취직해야 마음이 편할 듯해."

"그래. 열심히 잘 하고, 물어볼 게 있거나 좋은 소식 있으면 전화해."

"응, 누나. 다 끝나면 그때 만나."

사촌 동생은 아무리 바빠도 교회의 모든 대외 활동을 한 번도 빠진 적이 없었다. 심지어는 한 달 동안 해외로 선교 활동을 다닐 정도로 그의 우선순위는 교회였다. 하지만 그는 취업 준비를 위해 하고 싶은 것을 다 참아 가며 시간을 쪼개고 또 쪼갰다. 6개월 후, 다시 연락이 왔을 때는 이미 외국계 회사의 신입 사원이 되어 있었다. 우리는 동생의 회사 근처인 역삼동에서 맛있게 저녁 식사를 했다. 사촌 동생을 몇 년 동안 봐 왔지만 참을성과 집중력이 이렇게 대단하다는 것을 그때서야 알게 되었다. 다들 취업난이라고 하지만 사촌 동생은 바늘구멍을 뚫고 취업에 성공했다. 자신과의 치열한 싸움에서 이긴 후 당당히 승리자가 되었다.

반대의 경우도 있었다. 모임에서 만나 알게 된 지인의 남동생은 서울의 4년제 대학을 졸업 후 취업 준비를 하고 있었다. 그러나 그는 불규칙적인 생활을 하며 취업에 완전히 집중하지 않았다. 용돈을 벌기 위해 아르바이트를 하는가 하면 여자 친구와 여행도 다녀오는 등 놀 것은 다 놀면서 술을 마시는 날도 많았다. 나는 취업 컨설팅을 많이 진행하면서 누구보다도 취업을 간절히 원하는 청년들을 많이 봐 왔기 때문에 그에게 말했다.

"취업 준비는 잘 돼가니?"

"하루 종일 앉아서 공부한다고 취업하는 거 아니니 괜찮아요. 누나."

"그래. 알아서 잘 하겠지. 꼭 원하는 곳에 취업 됐으면 좋겠다."

"고마워요, 누나."

나는 더 이상 할 말을 찾지 못했다. 취업을 하려면 집중과 선택이 필요하다. 그리고 자신과의 싸움에서 이겨야 한다. 유혹에 흔들리면 취업의 기회는 더 멀어질 것이다. 그뿐만 아니라 다른 사람들이 하는 말에도 흔들리지 않고 자신만의 방법으로 헤쳐 나가는 지혜도 필요하다. 취업 준비를 한다고 주위와 연락을 끊거나 계속 무직인 채로 생활하다 보면 이런 말들을 종종 듣게 된다.

"취업 준비한다고 술도 안 마시냐? 오늘 하루만 마시자."

"그렇게 한다고 취업이 되는 거 아냐."

"너무 고생하는 거 아냐? 대충 해도 너는 붙을걸?"

"아무 곳에나 일단 취직하고 나중에 생각해라."

"아무 회사나 취직만 되면 가는 게 어때?"

"너는 너무 눈이 높아서 그래. 이 회사도 괜찮아."

지인의 남동생은 아직도 취직을 하지 못했다. 나는 그에게 말하고 싶었다. 눈 딱 감고 3개월만 자신에게 집중하고 모든 유혹을 이겨 내라고 말이다. 누구나 어떤 일을 이루기 위해서 목표를 세운다. 그러나 사람들은 종종 부정적인 말을 하거나 자신의 목표와 반대되는 말을 할 때가 있다. 사람들이 각양각색인 것처럼 취업을 준비하는 방법도 각자 다르고 취직하는 회사도 다르다. 하지만 취업이 빨리 될 수 있는 방법이 있는데 다른 사람들의 말로 인해 목표한 바가 흔들리거나 주저하는 것이 안타깝기 그지없다. 단기간에 취업에 집중하고 자신에게 맞는 회사들을 공략하며 면접을 계속 연습하려면 시간을 투자해야 한다. 세상에 공짜로 얻을 수 있는 것은 없다.

결국 인내하며 자신과의 싸움에서 이겨야 한다. 공부는 혼자 해야 하는 것처럼 취업도 결국은 혼자 해내야 하기 때문이다. 그리고 다른 사람들이 무심코 던지는 말에도 흔들리지 말아야 한다. 지금은 인생의 첫 취업을 하려는 순간이다. 목표를 세웠으면 소신껏 행동하라. 자신의 인생은 오직 자신만이 결정할 수 있다.

취업에도
추월차선이 있다

사람들이 제대로 알고 했더라면 더 잘했을 것이다.
– 짐 론

부에도 추월차선이 있듯이 취업에도 추월차선이 있다. 무작정 열심히만 준비하는 서행차선이 아니라 합격할 수 있는 추월차선을 타야 한다. 이 추월차선이 당신을 합격의 고지에 더 빠르고 확실하게 데려다줄 것이다. 그렇다면 취업의 추월차선이란 무엇일까?

내가 미국에서 유학 중일 때, 미쉘이라는 친한 친구가 있었다. 그녀는 공부든 일이든 모두 잘 해내는 모범생으로, 바쁜 와중에도 공부를 열심히 한 끝에 3학년 말에 대기업 인턴으로 뽑혔다. 그 기업의 인턴 채용은 경쟁률이 상당히 높기로 유명했다. 또한 인턴 프로그램을 제대로 이수하면 곧바로 신입으로 채용하는 시스템이었기 때문에 미쉘의 정규직은 거의 따 놓은 당상이었다. 반면 나는 시험 삼아 작은 회사의 인턴 면접까지 갔다 왔는데 떨어진 상황이었다. 나는 그녀만의 비결이 정말 궁금해졌다.

"기말시험 기간도 겹치는데 어떻게 인턴 프로그램 지원 서류랑 면접까지 준비했어?"

"이 회사에서 일하고 싶어서 계속 주시하고 있었어. 이력서도 미리 써 놨거든. 여기서 인턴을 하면 정규직으로 채용되니 시간도 벌 수 있고. 너도 할 수 있어. 네가 진짜 가고 싶은 회사에 집중하면 돼. 면접 준비는 책을 사서 자주 나오는 질문들을 다 숙지했어."

"그렇구나. 인턴을 하게 되면 다음 학기 때는 얼굴 보기도 힘들겠다."

미쉘과 대화를 하면서 크게 동기부여가 되었다. 나도 할 수 있다고 말해 주는 친구 덕분에 힘이 났다. 내가 뒤처지거나 잘 못해서가 아니라 아직 학생이라서 방법을 몰랐다고 생각하니 앞으로 잘 할 수 있을 거라는 생각이 들었다. 그리고 다음 학기에는 나도 원하는 회사의 인턴으로 지원해 합격할 수 있을 것이라는 자신감이 생겼다. 원하는 회사보다 여러 곳에 서류를 넣어서 붙는 회사에서만 일하면 된다는 생각을 했던 내가 부끄러웠다. 같은

3학년인데 이미 사회에 첫발을 내디딘 그녀처럼 해 보기로 마음 먹었다. '아무래도 시행착오를 덜 겪게 되겠지'라고 생각하면서 그녀가 달성한 취업 성공기를 내 나름대로 분석했다.

몇 개월 후, 나는 서류 전형과 면접을 통과하고 타임스퀘어에 있는 MTV Networks 그룹에 최종 합격했다. 높은 경쟁률을 뚫고 체계화된 인턴 교육과 워크숍을 잘 마무리한 뒤 업무를 시작할 수 있었다.

나는 미쉘이 합격했을 때 부러워하는 것에서 끝내지 않았다. 그녀에게 어떻게 했는지 상세하게 물어봤다.

"면접 때 전공이랑 관련지어서 물어본다는데 어땠어?"
"그 회사에서는 면접 때 어려운 질문들도 물어봤어?"
"네가 봤던 면접 관련 책이 뭐였어?"

그녀가 말해 준 것은 이외에도 많았다. 그중에서 중요하다고 생각되는 답변들에 체크를 해 놓고 나의 상황에 맞게 나만의 스토리를 만들었다. 또한 그녀가 면접 공부를 할 때 구입해서 봤던 책도 샀다. 역시나 다른 책들보다도 정리가 잘 되어 있어서 훑어 보는 데 시간이 오래 걸리지 않았다. 미쉘은 이미 취업을 위한 준비 과정을 경험했고 어려웠던 점들까지 나에게 조언을 해 주었다. 그 덕분에 시행착오를 덜 겪게 되었고 어려운 인턴 프로그램에 합격할 수 있었다. 지금 생각해 보면 정말 이러한 방법들이 추월차선이었던 셈이다. 즉, 이미 합격한 사람의 조언을 듣고 동기부여가 되어서 시행착오를 줄일 수 있었던 것이다.

취업 실패로 가는 서행차선

❶ 무작정 열심히 하는 것

: 스펙을 쌓는다고 무작정 열심히 공부만 해서는 안 된다. 자신을 제대로 알고 맞춤형 전략을 세워야 한다. 스펙 한 줄을 더 적어 넣는 것보다 많은 경험들이 취업에 도움이 된다. 요즘은 기업에서 고스펙 고학력자를 기피하는 경향이 있다.

❷ 취업 준비나 자격증 시험 준비를 위해 휴학하는 것

: 한 학기를 휴학하거나 시간을 흘려보내지 않아야 한다. 한 살이라도 나이가 더 들기 전에 취업하는 것이 좋다. 보통 토익 점수를 조금 올린다고 황금 같은 시간을 문제 풀이를 하는 데 보내는 경우가 많은데, 점수를 몇 점 올리거나 단어를 한 개 더 외운다고 해서 취업이 빨리 되는 것이 아니다. 나는 계속 취업 준비를 한다고 늘어져서 시간만 흘려보내는 취준생들을 많이 봐 왔다.

❸ 아무 회사나 닥치는 대로 지원하는 것

: '일단 아무 곳에나 붙기만 하면 좋다'라는 생각으로 임하면 취직을 해서도 훗날 재취업을 하기 위해 그만둘 확률이 높다. 주

위에 보면 대략 100개의 회사에 지원 서류를 제출한 사람이 있다. 물론 자신에 대한 분석이나 원하는 직무 또는 원하는 회사에 대한 분석도 하지 않았다. 여기저기 너무 많은 곳에 서류를 제출하다 보니 회사명을 잘못 적는 실수까지 했다. 양보다는 질로 승부해야 한다.

취업 성공으로 가는 추월차선

❶ 자신에 대한 분석과 이미 합격한 사람에 대한 분석

: 자신의 성격이 어떠한지, 어떤 일을 정말 하고 싶은지, 어떤 일을 잘할 수 있는지에 대해서 곰곰이 생각해 본다. 그런 다음, 이미 취직이 된 친구들이나 선배들이 어떻게 취업에 성공했는지 살펴본다. 그러면 뭔가 특징이 있을 것이다. 그것을 보고 배워라. 가고자 하는 회사에 이미 다니는 선배나 친구가 있다면 직장인 시각에서 조언을 해 달라고 요청하는 것도 좋은 방법이다. 또한 어떻게 준비해야 하는지, 실제 면접 상황에서는 어떻게 대처하면 좋은지에 대해서 전문가나 컨설턴트의 조언을 구하라. 물어보거나 조언을 구하는 것은 전혀 부끄러운 일이 아니다.

❷ 똑똑하게 준비하는 것

: 여기서 '똑똑하다'는 것은 스펙이 좋다는 뜻이 아니다. 취업 준비나 휴학 기간이 길다고 취업이 되는 것은 절대 아니다. 자신

만의 계획표를 만들어서 단기간에 취업 준비에 집중하는 것이 중요하다.

❸ 동기부여

: 모든 일에는 동기부여가 되어야 성공할 확률이 높아진다. 동기부여가 되어야 자신에 대한 믿음을 가질 수 있고 결국 그것은 목표한 바를 이루는 원동력이 된다. 취직도 마찬가지다. 동기부여가 되어야 취직도 가능하다. 주위에 이미 취직된 사람들을 보고 실망하기보다는 나도 그들처럼 할 수 있다는 확신을 갖자.

모든 취준생들은 추월차선을 타야 한다. 지금 서행차선을 타고 있는 취준생들은 추월차선을 탈 수 있는 위의 방법들을 당장 실행해 보자. 시간을 헛되이 보내지 말고 시행착오를 가능한 줄여서 '빨리', '확실하게' 취업에 성공하라. 추월차선이야말로 취업의 지름길이라는 것을 기억하길 바란다.

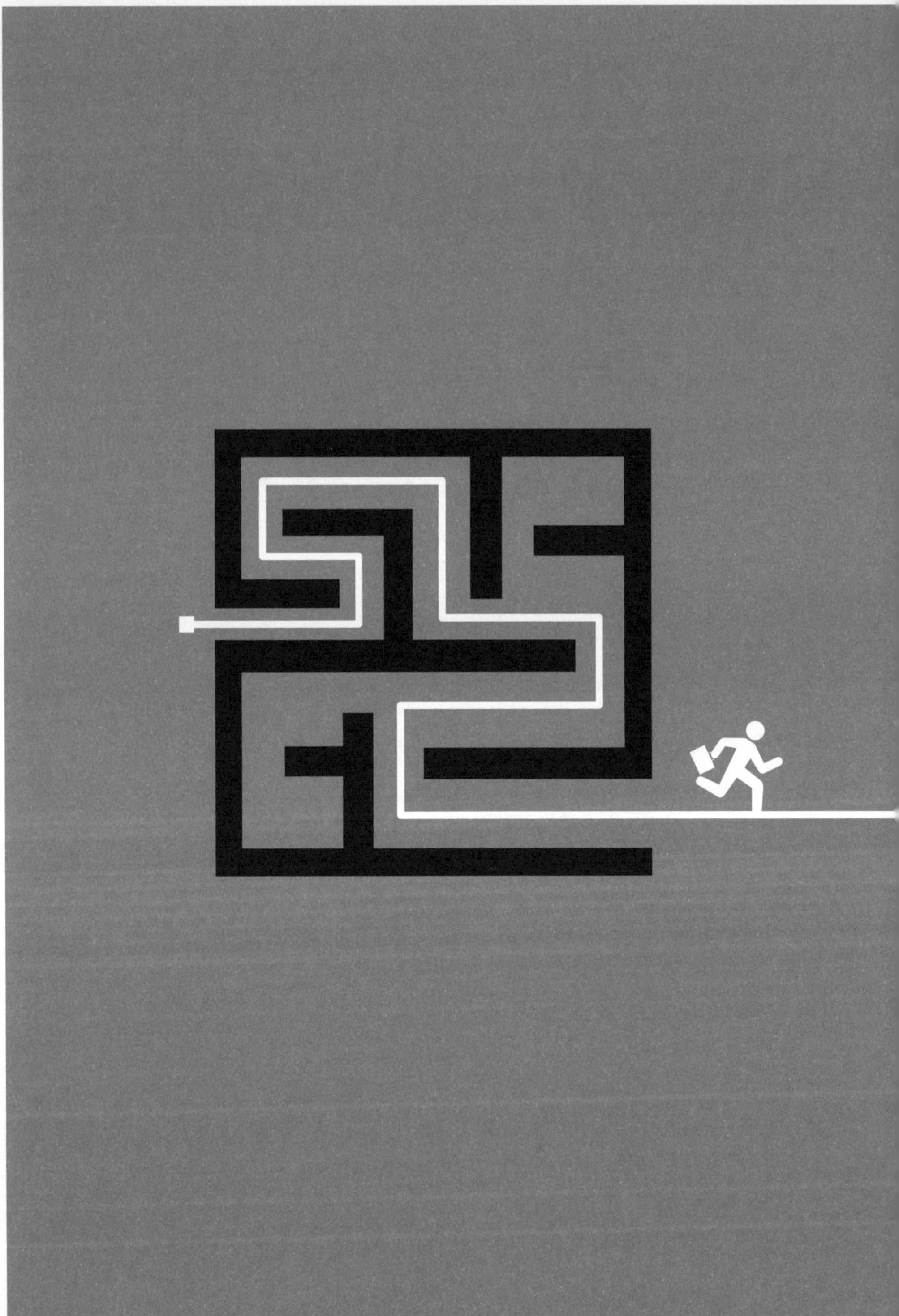

CHAPTER 2

취업이 되는
사람은
1%가 다르다

능동적인
취준생이 되라

현실은 평범해도 비범하게 살아라.
– 레이디 가가

내 친구 A는 예전에 인턴으로 일했던 회사의 상사를 길에서 우연히 만나게 되었다.

"너 혹시 A 아니니?"

"안녕하세요, 부장님! 잘 지내셨죠?"

"난 잘 지냈지. A가 인턴사원이었을 때가 꽤 된 것 같은데. 이제 졸업했겠네?"

"네. 이번에 졸업했어요."

"취직은 했고? 어디 다녀?"

"아직요. 지금 구직 활동하고 있어요. 여기저기 면접 보러 다녀요."

"그래? 나중에 나한테 이력서를 이메일로 보내 봐. 인턴으로 일했을 때 잘했잖아."

"정말요? 그럼 이메일 보내겠습니다. 감사합니다!"

취업 준비 중이던 그녀는 우유를 사러 아침 일찍 운동복 차림으로 밖에 나온 참이었다. 그러다 우연히 인턴으로 일했을 때 부장이었던 옛 상사를 만난 것이다. 인턴으로 일한 것이 몇 년 전이라 그녀는 깜짝 놀랐다. 그래도 이력서를 달라고 하기에 '이런 것이 인맥이구나'라는 생각이 들었다. 덕분에 그녀는 아침부터 기분이 좋았다. 마치 벌써 취직이 된 것만 같았다. 하지만 운동복 차림에 세수도 안 하고 상사를 마주친 것이 후회스러웠다. 그녀는 '깔끔한 모습으로 만났으면 더 좋았을 걸' 하고 생각했다.

A의 경우처럼 일상생활에서 운 좋게 취업의 기회가 생길 수도 있다. A는 나중에 웃으면 "그때만 생각하면 창피해. 세수도 안 한 채로 부장님을 만났잖아. 그러니까 어딜 가든 세수는 하고 나가야겠어."라고 말했다. A는 집에 돌아가자마자 이메일로 자기소개서와 이력서를 보냈다.

일주일 후 회사 인사부에서 연락이 왔고 그녀는 인턴으로 일했던 회사에 정규직으로 취직할 수 있었다. 만약 우연히 옛 상사를 마주치는 일이 없었다면 그녀는 지금쯤 계속 취업 준비를 하고 있었을지도 모른다.

인맥은 취업에서 중요하게 작용하는 요소 중 하나다. 취업이 정말로 간절하다면 언제 어디서 생길지 모르는 기회를 놓치지 마라. 우연히 기회를 잡게 된다면 어색해하거나 창피해할 필요가 없다. 그 기회를 적극적으로 잡아야 한다.

주변의 지인들은 종종 이렇게 말하곤 한다.

"어느 회사가 어디에서 사람을 뽑는데 선배가 소개시켜 줬어."
"옛날에 잠시 일했던 회사에도 이력서를 넣었어. 정규직은 기대도 안 했는데 붙었네."
"지인이 사람을 채용하고 있나 봐."
"나 아는 사람이 D사에서 일하고 있는데 옆 부서에서 사람이 필요한가 봐."

이런 경우들도 지나치지 말고 적극적으로 자신이 구직 중이라는 것을 알려야 한다. 몇몇 취준생들은 자존심이 상한다는 이유로 또는 구직 중이라는 말을 하기가 창피하다는 이유로 좋은 기회를 종종 놓치곤 한다. 이러한 상황을 보면 그저 안타까울 뿐이다.

요즘 기업들은 지원자들의 스펙이 비슷할 경우, 과거에 회사에서 근무했으며 평가가 좋았던 직원을 채용하는 것을 더 선호한다. 그 직원은 이미 그 기업의 문화와 업무가 어떻게 진행되는지 알 것이고 검증도 되었기 때문이다. 또한 지인의 추천은 구직자에 대한 신뢰감으로 이어질 수도 있다. 보통 지인은 구직자의 성격이나 인성을 잘 알고 업무를 잘할 수 있다고 생각하기 때문에 추천하는 경우가 많다. 그리고 자신의 체면이 있으므로 아무나 추천하지도 않는다. 이처럼 취업의 경로가 다양하다는 것을 잊지 말고 여러 경로로 방법을 알아보는 것도 전략이다. 꼭 공채나 구인 사이트, 취업 박람회를 통해서만 취업을 하려는 표준 취준생에서 벗어날 필요가 있다.

내 친구 D는 미국에서 유학을 마치고 귀국했다. 미국 대학교를 졸업하고 영어도 잘했지만, 한국에서의 구직 활동은 아직 익숙하지 않았기 때문에 열심히 조사해서 수시 채용에 서류를 제출했다. 또한 헤드헌팅을 통해서 외국계 회사 및 한국의 중견기업에도 이력서를 제출했다. 마침 탄탄한 중견기업에서 사람을 채용하고 있었고 헤드헌터의 추천에 따라 그녀는 서류 제출 후 면접을 보게 되었다. 처음에는 대기업이 아니라고 꺼렸지만 D가 하고자 했던 직무와 잘 맞았기 때문에 결국 그곳에 취업하게 되었다. 그녀는 지금도 회사 생활을 만족스럽게 잘하고 있다.

능동적인 취준생이 되는 방법

1. 인적 네트워크를 이용한다.

네트워크라고 해서 대단한 인맥을 의미하는 것이 아니다. 주위의 평범한 지인들도 모두 취업의 네트워크가 될 수 있다. 몇 년 전 아르바이트를 했었을 때의 상사나 인턴을 할 당시의 부서팀장이 될 수도 있다. 같은 동아리의 선배가 될 수도 있다. 언제 어디서든 생길 수 있는 취업의 기회를 활용하자.

2. 헤드헌터를 활용한다.

취업 사이트에 이력서를 등록해 놓으면 헤드헌터로부터 연락이 온다. 헤드헌터가 추천하는 회사들을 조사해 보고 좋은 조건 또는 원하는 분야라면 지원한다.

3. 수시 채용에 지원한다.

어떤 회사들은 공채가 없고 각 팀에서 사람들을 많이 구하는 경우가 있다. 수시 채용이 있는지 항상 확인해 보는 것도 좋은 방법이다. 신입도 수시 채용을 하기도 한다.

최악의 취업난을 겪고 있는 요즘, 오로지 신입 사원 공채만을 위해서 토익 점수를 올리고 무작정 서류를 제출하고 면접만 보는 표준 취준생이 되지는 말자. 입사할 수 있는 지름길을 다양하게 찾는 것도 방법이다. 자신이 할 수 있는 범위 내에서 취업의 기회들을 자유롭게 만들어 나가자.

모든 사람들이 직업을 갖게 되는 계기는 다르다. 취업을 하는 방법도 다양하다. 공채, 수시 채용, 인적 네트워크, 헤드헌팅 등 가리지 말고 모든 방법을 동원해서 취업 성공의 확률을 높이자. 수동적인 표준 취준생에서 벗어나 능동적인 취준생으로 거듭나서 다양한 방법을 이용하자. 성공적인 취업을 하루라도 앞당길 수 있게 될 것이다.

이미지가
취업 성공을 부른다

자신이 매력적인 상품이라는 것을 알려라.
– 서머셋 모옴

우리가 살아가는 현대 사회에서 T(Time), P(Place), O(Occasion)에 맞는 이미지메이킹이 중요하다는 것은 누구나 다 아는 사실이다. 버락 오바마 전 미국 대통령은 대선 기간 및 취임 후에도 한동안 빨간색과 파란색의 넥타이를 번갈아 매는 복장으로 국민들 앞에 등장했다. 컬러 이미지메이킹을 통해 미국을 위해 열정적으로 활동하겠다는 의지와 신뢰감을 주기 위해서였다. 오바마 전 대통령이 대통령에 당선된 날 영부인과 딸들과 함께 등장했을 때, 그는 검은색 정장에 붉은 넥타이를 매고 있었다. 영부인은 빨간색과 검은색이 조화된 드레스를 입었고, 큰딸은 빨간색, 작은딸은 검은색 드레스를 입었다.

이러한 컬러 이미지메이킹을 통해 대통령의 화목하고 가정적인 분위기를 연출했고, 국민들의 지지와 신뢰를 얻기 위해 '화목함', '평화', '융화'라는 강한 메시지를 전달했다. 이것은 아직까지도 성공적인 이미지메이킹으로 꼽힌다.

이처럼 한 국가의 원수도 이미지에 굉장히 신경을 쓴다. 이미지를 어떻게 연출하느냐에 따라서 많은 메시지를 전달할 수 있기 때문이다. 자신에게 플러스 요인이 될 수도 있고 반대로 마이너스 요인이 될 수도 있다. 이미지메이킹을 통해 자신을 홍보하고 원하는 이미지를 상황에 맞게 만들어 나가는 것이 성공을 좌우하는 길이다.

단 몇 분 만에 결과가 결정되는 면접에서 이미지메이킹은 필수다. 힘든 서류 전형의 관문을 통과한 후 마침내 면접장까지 도착했지만, 매력 있는 지원자로 인식되지 않아서 면접에서 떨어졌다면 얼마나 안타까운 일인가. 면접은 처음 보는 면접관에게 자신을 알릴 수 있는 길이자 취업의 성패가 달려 있다고 해도 과언이 아니다.

한번은 회사에서 영업팀 직원을 채용하기 위해 채용 박람회에 나간 적이 있었다. 그곳에서 한눈에 들어오는 깔끔한 복장의 여학생 지원자를 보게 되었다. 그녀는 인사를 한 후 등과 어깨를 곧게 펴고 앉았고 무척 자신감 있어 보였다. 몸에 잘 맞는 검은색 정장 바지와 재킷을 입었고, 그 안에는 상아색 블라우스를 입었다. 머리는 하나로 묶어 올렸다. 화장 또한 자연스러웠다. 답변할 때의 발음도 정확하고 또렷했다. 영업 직무에 잘 맞는 이미지였다. 서류와 면접 결과 역시 모두 만족스러웠다. 결과적으로 그녀는 취업에 성공했다.

그녀는 누가 봐도 매력적이고 호감 가는 이미지를 보여 주었다. 정장 바지를 착용함으로써 전문적인 커리어 우먼의 느낌을 주었고 긴 머리를 답답하지 않게 연출했다. 그리고 자신의 이목구비에 어울리는 화장을 했다. 게다가 말끝을 흐리지 않고 끝까지 "~했습니다."라고 답변하는 모습은 듣는 사람에게도 편안함을 주었다. 보통 말끝을 흐리거나 작은 목소리로 웅얼거리듯이 말하면 면접관에게 들리지도 않을뿐더러 더 이상 듣기 싫어진다. 이렇게 호감 가는 이미지로 연출하는 것은 면접에서 굉장히 중요하다. 그러한 이미지를 보여 주기 위해서 그녀는 정말 많은 노력을 했을 것임을 짐작할 수 있었다.

이번에는 채용마당에서 이미지메이킹 컨설팅을 진행했을 때의 일이다. A 대학교 공과대학 학생들이 취업 상담을 받으러 왔는데, 남학생들 사이에 여학생이 한 명 있었다. 여학생이 말했다.

"저는 소개팅에서도 잘된 적이 없어요. 호감 가는 이미지로 면접에 접근하라고 하시는데 어떻게 해야 되나요? 어디서부터 면접 준비를 해야 할지 잘 모르겠어요."

그녀는 현재 4학년으로 이미 취업 준비를 하고 있다고 했다. 내가 보기에 그녀는 머리도 굉장히 길고 다듬어지지 않은 상태였다. 후드 티에 무릎이 약간 찢어진 청바지를 입은 데다 화장도 전혀 하지 않았고 말도 우물거렸다. 그리고 안경테의 색이 너무 진하고 굵어 보였다.

"일단 평소에도 화장을 간단히 해 보세요. 면접 때 갑자기 화장을 하려면 본인이 어색해서 자연스럽지 않거든요. 머리도 깔끔하게 다듬으세요. 면접에 가기 전에 미리 정장을 입어 보고, 굽이 너무 높은 구두는 피하세요. 면접 때 가능하면 안경을 벗고 렌즈를 끼는 것이 좋습니다."

"면접 준비할 때 다 확인해야겠네요. 일단 미용실부터 가야겠죠?"

"네. 지금 머리가 많이 길어서 정리가 필요합니다. 굳이 자르기가 싫으시면 면접 때는 꼭 묶도록 하세요."

"알겠습니다."

"그리고 면접 때 또박또박 답변하셔야 합니다. 말할 때 입안에서 우물거리면 상대방이 알아듣기 힘듭니다. 웅얼거리면 자신감이 없어 보이고요."

"다른 사람들도 제가 말할 때 잘 안 들린다고 하더라고요."

"목소리와 말투에 신경을 쓰고 계속 연습하셔야 합니다."

나는 그녀에게 간략하게 조언을 해 주었다. 그러나 그녀는 더 심화된 컨설팅이 필요한 듯 보였다. 자신의 이미지가 면접관에게 어떻게 비칠지 생각하고 호감 가는 이미지를 만드는 작업이 필요했다. 단 몇 분 안에 보이는 이미지에서 승부를 걸어야 하기 때문이다.

또한 호감 가는 이미지를 위해서는 말할 때 입안에서 우물거리며 내는 발음에 주의해야 한다. 목소리가 예뻐야 한다는 뜻이 아니다. 면접 질문을 던졌을 때 웅얼거리면서 말하면 면접관이 잘 알아듣지 못한다. 게다가 상대방에게 전문적인 느낌을 주지 못한다. 면접관은 아주 짧은 시간 안에 이러한 것들을 다 보면서 매력 있는 지원자에게 질문을 더 하게 된다. 관심 있는 사람에게 질문을 더 하게 되고 알고 싶기 마련이다. 스펙을 한 줄이라도 더 추가하는 대신 호감 가는 이미지를 만드는 연습을 하자.

어느 날, 취업 박람회에서 컨설팅을 하고 있었는데, 줄을 선 학생들 중에서 한 남학생이 눈에 띄었다. 그 학생은 정장을 입고 있었지만, 마치 자다가 바로 나온 것처럼 보였다. 표정은 졸린 듯했고 머리 스타일은 부스스했다. 머리 뒷부분은 까치집처럼 움푹 패이기까지 했다. 마치 베개에 눌린 자국 같았다. 이런 것들이 별것 아닌 것 같아 보여도 면접장에 들어가기 직전부터 나온 후까지는 면접이 끝난 것이 아니라는 것을 알아 뒀으면 한다. 면접관들은 안 보는 것 같아도 눈으로는 지원자들의 모습을 전부 살펴본다. 깔끔하지 못한 이미지는 단 몇 분 만에 결정되는 면접에서 절대적으로 불리하다.

개인의 스펙뿐만 아니라 외적 이미지로도 면접관을 설득할 수 있어야 자신의 경쟁력을 높일 수 있다. 서류 전형에서 이미 한 번 통과된 합격자들이 모여 있는 것은 비슷한 스펙끼리 경쟁하는 것이다. 비슷한 스펙의 사람들끼리 있을 때 면접이 차지하는 중요성을 잊지 말자. 만약 서비스업, 영업 등 외적 이미지가 중요한 직업이라면 두말할 필요도 없다. 직무에 맞는 외적 이미지로 면접관을 설득할 수 있어야 한다. 올바른 면접 복장을 하고 직업에 맞는 이미지로 면접을 준비하라. 잘 보이고 싶다고 화려한 복장을 착용하는 것은 지양해야 한다.

오바마 전 미국 대통령도 이미지메이킹을 통해서 자신의 이미지를 신뢰감 있게 보이려고 노력했듯이 이미지는 사람들에게 중요하게 인식된다. 취업에서도 나의 이미지를 어떻게 하느냐에 따라서 면접의 결과가 달라질 수 있다. 호감 가는 이미지는 소개팅에서도, 취업에서도 성공률 백 퍼센트다. 이미지메이킹을 통해서 외적 이

미지를 강화하고 상대방에게 깊은 인상을 남기도록 하자. 그것이
취업에 성공할 수 있는 또 다른 전략이 될 것이다.

관심 있는 분야에 취업하라

내가 계속할 수 있었던 유일한 이유는 내가 하는 일을 사랑했기 때문이라고 확신합니다.
여러분도 사랑하는 일을 찾으셔야 합니다.
당신이 사랑하는 사람을 찾아야 하듯 일 또한 마찬가지입니다.
– 스티브 잡스

취업은 사회생활의 첫 단추를 끼우는 단계다. 그런데 확고한 목표 없이 취업했다가 다시 재취업을 하는 사람들도 많다. 힘들게 취업에 성공했는데 다시 재취업에 도전하는 것은 본인도 힘들고 시간도 낭비하는 꼴이다.

내가 아는 후배도 하루빨리 취업 준비생에서 벗어나고 싶어 했다. 그래서 열심히 준비한 끝에 대기업에 취직하게 되었다. 좋은 회사에 빨리 취직하는 것이 소원이었던 후배는 자신과 맞지 않는 직무였음에도 대기업에 합격했다는 사실에 무척 기뻐했다. 후배에게는 목표나 관심사보다는 '내가 이 회사에 다닌다'라는 간판이 중요했다. 그렇게 신입 사원 연수도 받고 잘 적응하는 듯했다. 하지만 일 년도 채 안 돼서 후배는 회사를 그만두고 싶다고 했다. 일이 자신과 맞지 않는다며 벌써 이직을 생각하고 있었다.

"언니, 저 너무 힘들어서 회사를 그만둘까 생각 중이에요."

"갑자기 왜? 들어가기 힘든 회사인데 아깝잖아. 원래 신입 사원 때는 모두 힘들어. 회사에 적응도 해야 하고 일도 배워야 하니까."

"아무 생각 없이 회사만 보고 들어갔는데 정작 제가 생각했던 업무하고는 너무 달라요. 업무가 저랑 잘 안 맞아요. 제 적성과 맞는 부서에서 채용할 때 다른 회사를 갈 걸 그랬어요."

"정말 이직할 거야?"

"이직해야 하긴 하는데, 아직 알아보는 중이에요."

남들이 알아주는 우리나라 굴지의 대기업에 들어갔다고 좋아했던 후배의 모습이 아직도 기억난다. 나와 대화한 이후로 이직할 회사를 확정하기도 전에 후배는 퇴사했다. 후배는 다른 회사에 입사하는 데 꽤 어려움을 겪었다. 첫 회사에서 일 년도 채우지 못했기 때문에 아마 다른 회사에서도 채용을 꺼렸을 수도 있다.

자신을 분석하고 관심 있는 분야에 취업을 해야 시간을 벌 수 있다. 당장은 아무 회사나 취업하는 것이 앞서 나가는 것처럼 보일 수도 있지만, 관심 있는 분야에 취업하지 않았을 경우 재취업의 가능성을 배제할 수 없기 때문이다. 시간이 조금 걸리더라도 관심 있는 분야에 취업하는 것이 시간을 버는 길이다. 내 후배뿐만 아니라 많은 사람들이 재취업을 위해 고민하는 것을 보았다. 실제로도 재취업을 위해 퇴사한 후 취업 준비를 다시 하는 사람들도 많았다.

회사에서 신입 사원을 채용하기 위해 면접을 진행했을 때의 일이다. 한 지원자의 이력서를 봤는데 첫 직장을 6개월도 다니지 않고 퇴사한 경력이 있었다.

"첫 직장에서 아주 짧게 일하고 퇴사하셨네요?"

"네. 무작정 붙기만 하자는 마음으로 아무 곳에나 지원했습니다. 그런데 막상 가서 일해 보니 적성에 맞지 않아서 이직을 결심했고 다시 신입으로 지원하게 되었습니다."

"어떤 면에서 일이 잘 맞지 않았나요?"

"제가 컴퓨터 정보학부에서 사이버 정보과를 전공했는데, 직접 일해 보니 평생 직업으로 삼기에는 적성에 맞지 않았습니다."

"그럼 회사를 퇴사한 후 일 년 정도의 공백기가 있네요. 이 기간에는 무엇을 하셨습니까?"

"회사를 그만두고 구직을 하려니 잘 되지 않았습니다. 그리고 어떤 업종에서 일을 해야 할지 제 자신에 대한 생각도 해야 했어요. 급하게 취직만 하려다 보니 실수한 것 같아서 생각할 시간이 필요했습니다. 이와 함께 자격증 공부도 병행했습니다."

몇 개월간 일하다가 적성에 맞지 않는다고 퇴사한 지원자였다. 이미 퇴사는 했지만 재취업에 아직 성공하지 못해서 일 년간의 공백기가 있었다. 사실 이런 지원자는 회사 입장에서 채용하기 꺼려지는 것이 사실이다. 이직한 회사에서도 또 업무가 맞지 않는다고 그만둘 가능성이 있기 때문이다. 결국 인사부서의 마지막 결정은 불합격이었다.

이 지원자의 경우를 보면 처음부터 자신이 하고 싶은 직무나 가고 싶은 업종을 신중하게 생각해 봐야 한다는 것을 알 수 있다. 마구잡이로 똑같은 이력서와 자기소개서를 여러 회사들에 넣다 보면 업종과 직무 등을 생각하기보다 빨리 취업을 해야 한다는 생각에 취업 자체만이 목표가 될 수 있다. 처음부터 관심 있는 분야에 취업하는 것이 재취업을 피하는 길이다. 게다가 짧은 기간 동안 일하고 이직하려 했다는 사실과 무직자로서의 공백기는 채용 시 좋지 않은 영향을 줄 수 있다.

내가 아는 한 동생이 있다. 그녀의 전공은 나와 같은 커뮤니케이션학이었지만 졸업 후 금융 회사에 취직했고, 그다음은 컨설팅

회사에 취직했다. 세 번째는 외국계 은행이었다. 이 3번의 취업이 불과 일 년 안에 일어난 일들이다. 대체 그녀는 왜 힘든 이직을 3번이나 한 것일까? 세 번째 직장까지 그만둔 후 그녀는 좀처럼 재취업에 성공하지 못했다. 공백기가 길어지자 대학원을 가려고 준비한다는 소식을 들었다. 결국 그녀는 대학원에서 아직도 공부하고 있다.

주변의 많은 사람들이 취업을 했다가 그만두고, 이직하고, 다시 그만두는 과정을 반복한다. 자신이 조금이라도 관심 있는 분야에서 일했다면 결과는 어땠을까? 일단 취업만 되고 보자는 식의 생각은 매우 위험하다. 시간을 아끼기 위해서 빨리 취직이 되어야 한다는 급한 마음에 관심 없는 분야에 취직하는 어리석은 행동은 하지 말자. 퇴사하거나 재취업을 해야 할 경우 결국엔 더 많은 시간을 투자해야 한다.

다음은 한 취준생이 취업에 성공한 후 인터뷰한 내용이다. 이 글은 한동안 인터넷 뉴스 메인 화면을 장식했다.

"정말 어떤 회사가 가고 싶은지, 어떤 직무를 원하는지에 대한 확고한 생각이나 목표를 가져야 한다. 많은 사람들이 우선 어디라도 지원해야겠다 싶어 무작정 서류를 넣고 면접도 본다. 떨어졌을 때는 우울하고 자신이 무능하다는 생각도 든다. 이렇게 또 시간을 보내고 그냥 무조건 괜찮아 보이는 회사나 자리에 지원하지 말고 아예 한 분야를 정하고 공략하자고 마음을 먹었다. 회사에서는 당연히 공백기에 대한 질문을 했다. 나는 대학원을 준비했고 좋은 결과가 있지는 않았지만 도전했다는 것에 후회하지 않았다. 그래서 공백기에 대해서 부끄럽지 않다고 어필했다."

대부분의 사람들은 50~100곳의 회사에 서류를 제출하는 것이 단지 시간 낭비라는 것을 실패 후에 깨닫는다. 사실은 50곳, 100곳을 지원해도 지원자의 마음속 한편에서는 이미 알고 있다. 진짜 가고 싶은 회사는 겨우 10곳 정도라는 것을. 자신이 확고하게 관심 있는 분야를 정해서 회사에 지원하는 것이 취업의 지름길이다. 당장은 시간이 걸리는 것 같아도 그게 오히려 시간을 낭비하지 않는 길이다.

마구잡이로 서류를 제출하는 것을 삼가자. 재취업을 위한 시간을 또 보내고 싶은가? 재취업이 안 되면 다시 취준생이 될 각오가 되어 있는가? 자신에 대해서 신중히 생각하고 솔직해지자. 관심 있는 분야에 취업해서 회사 생활의 첫 단추를 잘 끼우는 것이 앞으로 경력을 쌓는 데도 확실히 도움이 된다.

3초의 첫인상이
취업을 좌우한다

첫인상은 누구도 두 번 줄 수 없다.
그러나 첫인상의 위력은 의외로 막강하다.
– 주디 갈런드

첫인상은 우리가 살아가는 데 굉장히 중요한 역할을 한다. 소개팅을 할 때도, 부모님께 결혼 상대를 소개할 때도, 회사에 취직할 때도 가장 중요한 요소로 꼽힌다. 미국의 심리·뇌 과학자인 폴 왈렌 교수의 연구에 따르면, 사람은 0.017초 만에 본능적으로 상대방에 대한 호감과 신뢰 여부를 판단한다고 한다. 결국 상대방의 호감의 척도를 결정하는 제일 중요한 요소는 첫인상이라는 것이다.

첫인상이 좋으면 인생에서뿐만 아니라 취업에도 성공할 확률이 높아진다. 요즘 같은 취업난 시대에, 특히 면접의 비중이 커진 상황에서 첫인상의 중요성은 더 이상 말할 필요도 없다.

일 년 전, 나는 채용 박람회에서 취업 준비 중인 대학생들과 고등학생들의 현장 면접을 진행했었다. 대략 50명 정도의 지원자가 있었는데, 그 많은 지원자들 중에서 몇 명은 절대 잊히지가 않는다. 한 남학생은 도대체 면접을 보러 온 건지 동네 슈퍼를 온 건지 알 수 없을 정도였다. '그래도 면접 때 말은 잘하겠지'라고 기대를 해 봤지만 그 학생은 나의 기대를 처참히 저버렸다. 면접 때 말도 더듬거렸고 표정 역시 어두웠다.

"자기소개를 간략하게 해 보세요."

"아… 저는… 어렸을 적부터, 어렸을 적부터… 넉넉하게 자랐습니다. 집안의… 장남으로서 항상, 항상 동생들을 돌봤습니다."

"아르바이트를 많이 하셨네요. 어떤 것들이었는지 설명해 보세요."

"저는… 어, 저는 여러 분야의 아르바이트를 했습니다."

"자신의 장단점에 대해서 이야기해 보세요."

"저의 장점은… 음, 성실, 성실함입니다."

대답은 길게 했지만 말을 계속 더듬었다. 말을 더듬는 것까진 고치지 못했다 하더라도 표정조차 어두운 것은 이해하기가 힘들었다. 마치 도살장에 끌려온 소와 같았다. 자신감도 없고 준비되지 않은 그의 첫인상은 정말 좋지 않았다. '저 사람이 취직할 수 있을까?'라는 생각이 들 정도였다.

그의 면접이 끝난 후, 뒤에 줄을 서서 기다리던 여학생의 면접이 시작되었다. 여학생은 긴장을 했음에도 불구하고 계속 미소를 짓고 있었다. 아나운서를 연상케 하는 단발머리에 단정한 옷차림으로 깔끔한 인상을 주었다.

질문에 대한 답변도 막힘이 없었다.

"학생 때 아르바이트를 한 경험이 있네요. 설명해 보시겠어요?"

"네. 저는 홍보와 의전에 관심이 있어서 일부러 그쪽 분야의 아르바이트를 했습니다. 아르바이트를 하면서 일의 우선순위를 배웠고 마케팅에 대해서도 배웠습니다."

그녀는 좀 더 세부적으로 설명했다. 앞의 남학생과 확연히 비교가 되었다. 면접은 상대적이기 때문에 앞뒤의 지원자들이 월등하면 상대적으로 잘하지 못한 지원자는 더 못하는 것처럼 느껴진다. 반대로 앞뒤의 지원자들이 기대치에 못 미쳤다면 상대적으로 잘한 면접자가 더 뛰어나 보일 때가 있다.

'웃는 얼굴에 침 못 뱉는다'라는 말이 있듯이 미소는 사람들에게 호감을 주고 그 호감은 긍정적인 평가로 이어진다. 면접에서의 긍정적인 평가는 취업 합격의 마지막 관문이나 다름없다. 광고의 첫인상이 사람들의 머릿속에 영상처럼 짧게 지나가듯, 면접에서의 첫인상도 머릿속에 짧게 스쳐 지나간다. 면접관들은 수많은 지원자들의 면접을 보았기 때문에 단 3초 만에 지원자들을 평가한다 해도 과언이 아니다. 첫인상은 지원자의 첫마디로 결정되기 때문이다. 지원자의 표정과 말투를 단시간에 알아차려 그가 회사에서 인재로 양성될지를 판단한다. 첫인상에서 어두운 표정과 자신감 없는 말투는 입사를 한다 할지라도 마찬가지다. 한 조직에서 낯선 사람들을 만나고 업무를 보며 관계를 시작하기 위해서는 첫인상이 중요하다.

예를 들어, 지원자가 채용 후에 회사의 직원이 되었다고 가정하자. 회사 밖에서 다른 회사의 사람들과 미팅을 하거나 업무를 볼 때는 그 직원이 회사의 이미지를 대변한다. 어두운 표정의 자신감 없는 직원보다 그 반대의 직원을 회사는 당연히 뽑고 싶다. 또한 입사 후에는 같이 일할 동료가 될 텐데 어둡고 자신감 없어 보이는 사람과 프로젝트를 같이 하고 싶을까? 다른 회사 사람들과 미팅을 가질 때 같이 일하고 싶은가? 인사 담당자는 이런 점들까지 고려한다.

하루는 해외 영업팀의 경력직 지원자들이 회사에 면접을 보러 왔다. 모든 지원자들의 경력이 비슷했고 영어도 잘했다. 그런데 그중 한 명이 다른 지원자들이 답변하는 동안에도 계속 밝은 표정을 짓고 있어 눈에 띄었다. 면접관들은 계속 지원자들을 지켜보며 판단한다. 따라서 면접 중에도 밝은 표정으로 미소 짓는 것이 분명 플러스 요인이 된다.

면접장에 들어가는 순간 이렇게 해 보자.

▸ **면접관에게 밝고 정중하게 인사한다.**

▸ **밝은 표정과 미소를 짓는다. 주눅이 들거나 경직된 표정으로 어두운 분위기를 만들지 않는다. 면접관이 안 보는 사이에도 미소와 밝은 표정을 유지한다.**

▸ **자세를 바르게 한다. 구부정하게 등을 굽히거나 어깨를 움츠리지 않는다. 자신감 있게 어깨를 펴고 면접관과 시선을 맞춰야 한다.**

▸ **목소리는 선명하게, 발음은 똑바로 한다. 또박또박 답변하고 우물거리거나 더듬지 않는다.**

▸ **간략하고 깔끔하게 말한다. 주절주절 이야기하거나 말끝을 흐리지 않는다.**

MBC 스페셜에서 첫인상에 대한 주제로 방송을 한 적이 있다. 방송에서는 기업 인사 담당자의 86%가 지원자가 좋은 인상일 때 채용 시 가산점을 줄 수 있으며, 73%가량이 좋지 않은 인상으로 감점을 받을 수 있다고 대답했다. 첫인상은 외모뿐만 아니라 미소, 표정, 목소리를 모두 포함한다. 취업을 좌우하는 첫인상을 좋게 만들려면 자신이 어떻게 보이느냐가 중요하다.

이미 치열한 서류 전형을 통과한 지원자들이 첫인상에서 실패하는 것은 다 된 밥에 코를 빠뜨리는 격이다. 첫인상은 3초 만에 첫마디에서 결정된다. 면접관은 단 몇 초라는 짧은 시간에 첫인상으로 지원자가 합격인지 불합격인지 결정한다. 항상 첫인상이 중요하다는 것을 기억하고 면접에 임하자.

취업이 되는 사람은
1%가 다르다

지독한 노력이 지금의 나를 만들었다.
– 세계화전략연구소 이영권 소장

　지원자가 면접관에게 열정과 패기를 보여 주는 것은 아직까지
도 통하는 합격 방법 중의 하나다. 열정과 패기는 성공의 문을 여
는 만능열쇠다. 열정은 취업에 성공하는 사람들의 공통적인 요소
이기도 하다. 일반적으로 열정을 가진 지원자는 면접에 임하는 자
세부터 다르다. 면접관들에게 열정을 보여 줌과 동시에, 거만하지
않고 자신감 있는 태도를 보여 준다.

　나의 지인 중에는 일찍부터 취업을 준비한 사람이 있다. 대학
교에 입학하자마자 조금씩 토익을 공부했고 자격증도 취득했다.

학점 관리 역시 완벽했다. 방학 때는 용돈을 벌기 위해 아르바이트를 했고, 대기업 인턴으로도 당당히 합격해 업무 역량을 키웠다. 그녀의 열정은 정말 대단했다. 열정이 없었다면 이렇게 미리 취업을 준비하지 못했을 것이다. 남들이 부랴부랴 취업을 준비하는 4학년 때 그녀는 대기업 단 세 곳에만 서류를 제출했다. 원하는 직무 분석을 이미 다 마쳤기 때문에 가능한 일이었다. 마침내 그녀는 꾸준함을 동반한 열정으로 취업에 성공했다.

이렇게 대학 생활을 알차게 보낸 그녀에겐 매 순간 열정이 존재했다. 아르바이트를 할 때도 대충대충 하지 않고 마치 주인처럼 일했다. 인턴십 프로그램에서도 주어진 프로젝트를 할 때마다 재미있어했다. 한 번도 힘들다고 불평하거나 환경 탓을 한 적이 없었다. 이런 열정과 긍정의 힘으로 그녀는 취업에 성공했을 것이다.

그녀처럼 이렇게 남들과 뭔가 다른 사람들이 있다. 나와 친한 동생 L은 공공기관의 공채 모집에서 높은 경쟁률을 뚫고 합격했다. L의 열정은 취업 합격에 결정적인 역할을 했다. 그는 자신의 스펙이 높거나 좋은 대학을 나온 것이 아닌 평범한 스펙의 지원자였기 때문에 더 노력했다고 말했다. 그래서 입사하고 싶은 곳 한 군데만 지원해 '여기가 아니면 난 안 된다'라는 생각으로 임했다. 누가 봐도 이 회사에 들어오고 싶은 열정이 대단하다는 것을 알 수 있을 정도였다. 그는 나에게 면접을 볼 때의 상황을 자세하게 이야기해 주었다.

"저는 자료를 많이 수집해 갔어요. 신문과 인터넷 기사, 공공기관 홈페이지에 있는 자료를 꼬박 일 년 동안 모았어요. 자료를 보고 외운 다음에 파일 한 권에 전부 출력해서 준비해 갔어요. 면접 담당자가 제지하지 않으면 면접실에 들고 가려고요. 다행히 제지를 안 당해서 파일을 들고 들어갔어요. 인사하자마자 예상했던 것처럼 면접관은 뭘 들고 왔냐고 물어보더라고요. 여기서부터는 제가 짠 시나리오대로 잘 흘러갔어요. 이곳에 너무 입사하고 싶어서 주말에 와서 경비 아저씨와 찍은 사진도 보여 주고, 주말에 이곳을 방문해서 건물을 찍은 사진도 보여 줬어요. 이 기관에 몇 년도에 어떤 일이 있었고 현재는 어떤 업무를 수행하고 있는지 계속 말했어요. 뉴스 기사 일 년치를 스크랩한 것을 보여 줬더니 면접관이 알았으니 그만하라고 하더라고요.

저는 저만의 아이템을 활용해서 특별히 돌발 질문할 여지를 만들어 주지 말자는 생각으로 면접에 임했습니다. 저는 말주변도 없고 여자 지원자들이 말을 더 잘할 것이라고 생각해서 제가 준비해 온 것에만 집중할 수 있게 하자는 전략이었어요. 파일을 가지고 면접에 들어간 사람이 이 기관 역사상 처음이었기 때문에 파일의 엄청난 양에 면접관들이 집중해서 다른 특별한 질문이나 에피소드는 없었어요. 나중에 제가 입사하고 듣기로는 면접관들이 저렇게 들어오고 싶어 하는 애를 안 뽑으면 어떻게 하겠냐며 당장 뽑으라고 했대요. 그래서 전 정말로 가고 싶었던 곳에 한 번에 합격했습니다. 아마도 저를 도전적인 지원자라고 본 것 같아요."

L의 이야기를 듣고 나는 '나 같아도 너를 뽑았겠다. 다른 회사의 면접관들도 보는 눈은 비슷할걸' 하고 생각했다.

그는 이렇게 입사해서 아직도 그곳의 전설적인 인물로 남아 있다. 그는 기관에 대해 얼마나 알고 있고 또 지원하는 직무에 관련해서 얼마나 알고 있는지에 대해서 질문을 받을 필요도 없이 모든 것을 준비해 왔다. 뉴스나 기업 보도자료, 인터넷 사이트 등에서 검색도 하면서 정보를 얻는 손품도 있었다. 그의 열정과 패기가 멋진 면접 전략을 세우고 취업문을 통과하는 열쇠가 된 것이다. 그만의 취업 비결이 있었던 것이다. 이러한 지원자를 어떻게 채용하지 않을 수 있겠는가.

세계적인 슈퍼모델 하이디 클룸은 이렇게 말했다.

"3개월 동안 하루도 빠지지 않고 오디션을 보러 갔다. 어떤 날은 하루에 오디션을 10번이나 본 적도 있다. 나는 뉴욕에서 모델로 성공하려 애쓰는 신참 모델 수천 명 가운데 하나일 뿐이었다."

그녀는 다른 슈퍼모델에 비해 외모가 뛰어난 것도, 키가 엄청나게 큰 것도 아니었다. 하지만 현실적으로 자신을 평가하고 수많은 오디션을 보며 포기하지 않는 끈기와 열정이 있었다.

L 역시 자신이 말주변이 없고 여자 지원자들이 자신보다 말을 잘한다고 생각했다. 이러한 현실을 직시하고 주말마다 기관에 가

서 많은 분량의 자료들을 수집했다. 이런 열정이 어디 있겠는가. 그는 역시 달랐다.

　나는 면접을 진행할 때마다 지원자들이 자주 사용하는 단어들을 통해서 각각의 성향을 파악한다. 부정적인 단어를 쓰는 사람이 있는가 하면, 굉장히 긍정적이고 신뢰가 가는 단어를 사용하는 사람이 있다. 나는 후자가 좋다. 미래, 도전, 낙관, 긍정, 변화, 모험, 혁신, 성과, 실행 등 긍정적인 단어들을 자주 언급하며 말하는 지원자는 신입 사원의 열정과 패기를 그대로 보여 주기 때문이다. '저 지원자라면 끈기 있게 업무를 해 나갈 수 있겠구나!'라는 확신은 채용으로 이루어진다. 그래서 위 사례의 L처럼 무서울 정도의 열정을 보여 주는 지원자를 보고 싶다.
　이처럼 취업에 성공하는 사람들은 1%가 달랐다. 열정과 패기를 자신만의 전략으로 삼아 면접관을 사로잡았다. 정말 취업을 간절히 원한다면 남다른 열정과 패기를 보여 주는 것이 어떨까?

취업의 목적이 분명해야
취업에 성공한다

시련은 있어도 실패는 없다.
– 현대그룹 고 정주영 회장

다음은 사람들이 취업을 하려는 제각각의 이유들이다.

- 월급을 받아서 갖고 싶은 것을 사고 싶다.

- 학자금 대출을 갚아야 한다.

- 더 이상 아르바이트를 전전하기 싫다.

- 계약직은 더 이상 싫다.

- 괜찮은 직장에서 일하고 싶다.

- 점심시간에 사원증을 목에 걸고 아메리카노를 마시고 싶다.

- 월급을 모아서 적금을 들고 싶다.

- 월급을 받으면 데이트를 많이 할 수 있다.

- 차를 사고 싶다.

- 꿈을 이루고 싶다.

- 용돈이 필요하다.

- 드라마처럼 사내 연애를 해 보고 싶다.

- 여행 경비를 만들어서 여행 가고 싶다.

- 결혼 자금을 마련하고 싶다.

- 부모님께 용돈을 드리고 싶다.

- 부모님께 선물하고 싶다.

나 역시 취업을 해야 할 이유가 분명히 있었다. 유학을 마치고 귀국한 뒤 구직 활동을 하면서 용돈이 너무 부족했기 때문이다. 더 이상 학생 신분이 아니었기 때문에 부모님께 용돈을 달라고 하는 것도 눈치가 보였다. 백수 신세에 친구들을 만나서 밥 먹고 차 마실 돈을 달라는 말을 어떻게 하겠는가.

답답한 마음에 서점을 방문했던 나는 우연히 한 권의 책을 발견했다. 고경호 작가의 《4개의 통장》이라는 책이었다. 저자는 책 속에서 재테크 방법과 돈 관리 시스템에 대해 소개했는데, 좋은 급여통장을 만드는 꿀팁부터 급여통장의 혜택까지 자세하게 설명하고 있었다. 급여통장의 혜택은 곧 적금과 다른 금융상품들의 금리 혜택으로 이어졌다. 또한 급여통장으로 인한 수수료 혜택, 이체 혜택 등이 많았다. 이러한 내용을 읽은 후 나는 하루빨리 취업을 해서 급여통장을 만들어야겠다고 생각했다. 급여통장을 만들게 되면 우대 조건으로 적금이나 펀드도 낮은 금리로 들 수 있었다. 또한 은행 수수료도 면제받을 수 있었다. 순간 내가 취업할 이유가 분명해졌다.

이렇게 취업을 해야 하는 간절한 동기는 힘든 취준생 시절을 버티는 원동력이 되었다. 취업 후에 받은 월급으로 친구들과 맛집도 마음껏 다닐 수 있었고 그렇게 원하던 재테크도 시작할 수 있었다. 몇 개월이 지나니 적금이 어느 정도 불어났고 사고 싶었던 겨울 코트도 살 수 있었다. 가끔은 부모님께 선물도 사 드리고 용돈도 드렸다. 월급으로 내가 하고 싶은 것을 해 보니 자신감도 생겼다. '이래서 사회생활을 하고 돈을 버는 것이 중요하구나'라는 생각이 들었다.

회사에서 신입 채용 면접을 진행했을 때, 나는 지원자들에게 2가지 질문을 했다. 첫 번째는 첫 월급을 받으면 무엇을 하고 싶은지에 대한 것이었고, 두 번째는 직업에 대해서 어떻게 생각하는지에 대한 것이었다.

"A 씨는 첫 월급을 받으면 무엇을 하고 싶습니까?"

"저는 아버지께 용돈을 드리고 싶습니다. 아버지께서 어머니 없이 저를 키워 주시느라 고생을 많이 하셨습니다. 그러니 꼭 취업을 해서 아버지를 기쁘게 해 드리고 싶습니다. 용돈도 드리고 선물도 사 드리고 싶습니다."

"그럼 직업이라는 것은 A 씨에게 어떤 의미가 있습니까?"

"직업은 생계 수단이기도 하지만, 제가 열심히 일해서 팀장이 되고 싶은 욕망이기도 합니다. 사람들과 어울려서 일하고 나중에는 팀원들을 이끌면서 일하고 싶습니다."

A 지원자의 간절한 이유는 바로 아버지였다. 그리고 꼭 취직해서 미래에 팀장이 되고 싶다는 것도 취업의 이유였다. 이렇게 취업의 목적이 분명히 존재하고 목적을 위해서 뛰다 보면 취업 성공에 한 발짝 더 다가갈 수 있다.

어느 날, 미국에서 박사 과정을 밟고 있던 후배에게서 연락이 왔다. 서른 중반이 다 되어 가는데 아직도 공부를 하고 있으니 답답한 심정이었을 것이다. 장학금을 받으면서 공부하고는 있지만, 생활비나 집세를 내는 것이 빠듯했던 모양이다. 게다가 자신감도 없어 보였다.

"언니, 계속 공부만 길게 하려니 미래가 불투명해요. 나이는 들어가고 경력은 하나도 없어서 나중에 취직하기 힘들 것 같아요. 제가 교수가 못 될 수도 있고요. 박사 학위를 취득한 선배가 있는데 몇 년째 시간 강사만 하고 있더라고요. 그런데 취업해서 월급받는 친구들은 벌써 자리를 잡아 가고 있어요. 그 친구들은 몇 년째 일을 하니 연봉도 높고요. 경제적인 여유가 있으니 쇼핑도 많이 하더라고요. 결혼하려고 돈 모으는 애들도 있어요."

그녀는 결국 박사 학위 공부를 중단하고 경제학 전공을 살려서 취직했다. 하던 공부를 그만두고 취업 준비를 결정하기까지 그녀는 많은 고민과 갈등을 했을 것이다. 취업이 안 될까 봐 초조해하고 불안해하던 그녀는 다행히 현재 회사 생활을 잘하고 있다. 또한 회사에서 만난 남자 친구와 곧 결혼할 예정이라고 한다. 그녀를 다시 만났을 때는 전보다 더 활기차 보였다. 그녀에겐 공부를 그만두고 취업해야 할 이유가 분명히 있었다.

사람마다 다르겠지만 인생에서 취업을 하고 직업을 갖는 것은 중요한 일이다. 그로 인해 경제적인 여유가 생기고, 일을 함으로써 자존감이 높아지기 때문이다.

사람들마다 취업을 간절히 원하는 이유들이 분명히 존재하듯, 나 또한 취업의 목적이 분명히 있었다. 취업할 이유가 분명히 있다면 그것은 반드시 동기부여가 된다. 동기부여는 취업을 성공으로 이끄는 원동력이 된다. 취업에 한 걸음 더 다가갈 수 있도록 당신이 취업할 이유가 무엇인지 한번 생각해 보자. 어떤 이유들 간에 상관없이, 당신만의 이유를 생각하며 취업 성공을 위해 나아가자. 당신은 충분히 해낼 수 있다. 내가 취업해야 할 간절한 이유를 생각하며 열정과 도전으로 행동하라.

나만의 이야기를
취업으로 연결하라

경험 없는 기백은 위험하고,
기백 없는 경험은 불완전하다.
– 체스터필드 경

누구나 자신만의 값진 경험이 있다. 이를 매력 있는 이야기로 풀어내면 흔하지 않은 특별한 자기소개가 된다. 같은 주제라도 나만의 이야기를 취업으로 연결시키는 것이 바로 합격의 비밀이다.

무엇이든지 마케팅을 할 수 없다면 무용지물이다. 사람도 마찬가지다. 아무리 내가 유능한 인재라 할지라도 그것을 제대로 마케팅할 수 없다면 취업에 성공할 수 없다. 인사 담당자도 사람이기 때문에 좋은 인재라고 생각되고 같이 일하고 싶은 느낌이 들어야 채용을 한다. '이 지원자는 괜찮은 사람이구나. 의욕이 있는 좋은 인재구나. 게다가 조직에 잘 적응할 수 있겠구나'라는 생각이 합격을 이끌어 낼 수 있다.

좌충우돌 시행착오의 이야기도 좋다. 실수를 통해서 배웠던 점과 극복할 수 있었던 자신만의 노하우를 표현할 수 있다. 하지만 단지 이야기하는 것만으로 끝내면 절대 안 된다. 여러 가지 경험들을 나열하는 식보다는 한 가지의 주제를 구체적으로 보여 주는 것이 좋다. 부연 설명과 자신이 배운 점, 극복 방법, 느낀 점을 꼭 말하자.

나는 KB금융 취업 박람회에서 이미지메이킹 컨설팅을 진행한 적이 있다. 한 여대생의 차례가 되었는데, 키가 크고 유독 표정이 밝은 그녀는 스튜어디스가 되고 싶어서 모든 항공사에 전부 지원하고 싶다고 했다. 상담을 하던 중 그녀가 스튜어디스가 되고 싶었던 계기를 이야기하기 시작했다. 어렸을 적 집안 형편이 어려웠던 그녀는 항상 동생을 돌보며 가족들을 위해 많은 일을 했다. 하지만 그녀는 그런 것들이 다 좋은 경험이었을 뿐 불만은 없었다. 친구들과 소꿉놀이를 할 때도 그녀는 항상 남에게 음식을 차려 주기를 좋아했고, 성인이 된 후에도 서비스업이 본인의 적성에 잘 맞았다.

처음으로 비행기를 타고 캐나다로 교환 학생을 가게 되었을 때 그녀는 마침내 꿈을 찾게 되었다. 멋진 비행을 하면서 승객들을 위해 일하는 스튜어디스가 자신의 적성에 부합한다고 생각한 것이다. 그녀는 스튜어디스에 어울리는 외모에 영어 실력 또한 준비되어 있었다. 자기소개서에는 그녀가 어린 시절 무엇을 했고 이것이 어떻게 스튜어디스라는 꿈에 연결되었는지 조리 있게 잘 설명되어 있었다. 가식적인 내용보다는 경험을 솔직하게 드러내며 자신을 마케팅한 것이다. 나는 그녀가 진솔하고 철저하게 준비하는 모습을 보며 곧 좋은 소식이 들릴 것이라고 확신했다.

나만의 이야기를 취업으로 연결하는 방법

1. 자신의 경험을 간단하면서도 인상적으로 말하기

장황하거나 너무 길게 이야기하면 인사 담당자는 금세 흥미를 잃는다. 이미 수많은 지원자들의 서류와 면접을 봤기 때문이다.

2. 육하원칙으로 말하기

나의 경험을 마케팅할 때 꼭 육하원칙을 밝혀야 듣는 사람이 이해하기 쉽다.

2. 과장되지 않게 말하기

실제 경험으로 극복했던 것들, 어려웠던 점들을 이야기할 때 과장하거나 진실이 아니면 인사 담당자는 금방 알아차린다.

일상적이고 평범한 질문도 나만의 이야기로 연결해 답변하면 듣는 사람의 기억에 쉽게 남는다.

그룹 면접을 볼 때였다. 3명의 지원자에게 같은 질문을 했다.

"앞으로 10년 뒤 자신의 모습을 말해 보세요."

"자신의 장점과 단점은 무엇입니까?"

그들은 내용적인 면에서 모두 비슷한 대답을 했다.

"이 회사에서 오래도록 일해서 팀장이 되고 싶습니다."

"저의 장점은 대인관계가 좋고 성실하다는 것입니다. 단점은 제가 너무 꼼꼼한 성격이라서 한 번 일을 시작하면 끝을 내야 하기 때문에 다른 것에 집중을 못 합니다."

장점을 말해 보라고 하면 지원자들의 대부분이 성실함과 원만한 대인관계를 꼽는다. 정말 무미건조한 대답이다. 실제로 장점이라 할지라도 다른 장점들도 분명히 있을 것이다. 모두가 성실하고 대인관계가 좋다는데 그중에서 인사 담당자는 누구를 채용해야 할까?

단점을 물어볼 때마다 지원자들의 절반은 자신의 꼼꼼한 성격을 탓한다. 그러면서 이러한 꼼꼼함 때문에 한 번 일을 시작하면 끝을 본다는 성격으로 장점화하면서 이야기를 마무리한다. 10명 중 9명이 이렇게 똑같이 대답한다. 사실 나는 왜 꼼꼼함이 단점이라고 말하는 건지 아무리 생각해도 잘 모르겠다. 그것을 단점으로 언급하는 것이 오히려 지원자에게 마이너스가 된다고 생각한다.

게다가 다른 지원자의 답변을 신경 쓰거나 비슷하게 대답하는 것은 채용자의 기억에 남지 못한다. 많은 지원자들의 면접을 보다 보면 자신만의 이야기를 눈치 보지 않고 자신 있게 대답하는 지원자가 기억에 남는다. 그 지원자의 외모가 뛰어나거나 스펙이 좋아서가 아니라 이야기가 기억에 남기 때문이다. 그러면 나도 모르게 집중해서 듣고 있게 된다. 모두들 서류 전형을 이미 거쳐 온 지원자들이기 때문에 스펙 차이는 그다지 많이 나지 않는다. 그래서 합격하고자 한다면 단답식의 정해진 답변보다 자신의 경험에서 우러나오는 이야기를 질문과 연결 지어서 답하는 것이 좋다.

취업 사이트에 게시되어 있거나 정형화된 자기소개나 면접 답변은 잊어라. 나만의 이야기를 취업으로 연결해야 인사 담당자에게 나라는 사람에 대한 기억을 심어 줄 수 있다. 주옥같은 자신의 경험을 드러내며 자신을 마케팅하라. 그래야 다른 사람들과 차별화되고 자신의 매력을 보여 줄 수 있다. 가치 있는 자신만의 이야기가 바로 합격의 열쇠다. 당신은 비슷한 이야기 속에서 잊혀지는 지원자가 되고 싶은가, 아니면 이야기가 기억에 남는 지원자가 되고 싶은가?

인사 담당자의 시선으로
자신을 분석하라

내가 무엇을 아는가.
— 몽테뉴

얼마 전 종영한 SBS 주말 드라마 〈우리 갑순이〉를 보면 갑돌이와 갑순이의 전형적인 취업 준비생 에피소드를 볼 수 있다. 평범한 가정에서 나고 자란 갑돌이와 갑순이는 서른이 되도록 공무원 시험에 매달리며 아르바이트로 살아가는 전형적인 5포 세대다. 연인 사이였던 둘은 취업이 잘 안 되었기 때문에 서로 싸우거나 헤어져야 했다. 돈이 없어서 데이트다운 데이트도 못 했고 양가 어른들은 그런 서로의 상대를 달가워하지 않았다. 이런 상황 속에서 그들은 취준생이라는 불안감에 시달리며 힘든 현실과 마주해야 했다.

"우리 아들은 대기업에 붙었다."
"우리 딸은 선생이 되었다."
"네 아들은 어디 취직했니?"
"네 딸은 공무원 시험에 붙었니?"

동네 사람들은 그들의 부모에게 자식 자랑을 해댔고 취업이 안 된 갑돌이와 갑순이는 부모에게 창피한 존재였다. 갑돌이와 갑순이의 표정은 늘 어두웠고 떳떳하지 못했다. 백수라는 신분 때문에 남들 눈을 피해 다녔고, 자신감은 땅에 떨어졌다. 그들의 어두운 표정만 봐도 취업이 안 됐다는 사실을 단번에 알 수 있었다. 하지만 자신감이 저하되면 어려운 상황이 계속 반복될 수밖에 없다. 이렇게 갑돌이와 갑순이는 현실적인 취업난에 의한 전형적인 취준생의 모습을 보여 주었다.

한번은 회사에서 직원을 채용하기 위해 대한민국 취업 박람회에 참가한 적이 있었다. 몇 명의 취준생들의 표정에서 그들이 얼마나 힘든지 잘 알 수 있었다. 구직 활동 기간이 길어지면 길어질수록 표정이 밝지 못하거나 자신감이 없어지기 때문이다. 그들의 표정은 마치 '취업 준비생의 표정'이라고 정해진 것처럼 일률적으로 똑같았다. 이때 나는 표정이 면접에서 매우 큰 비중을 차지한다는 것을 깨달았다. 어둡고 긴장된 표정의 면접자들을 계속 보다가 밝은 표정의 면접자를 보니 이력서를 보기도 전에 호감이 갔다. 어차피 신입 채용은 경력직을 원하는 것이 아니기 때문에 많은 요소들이 면접의 당락을 좌우한다. 면접관들도 사람이기 때문에 첫인상, 열정, 인성, 환한 미소 등을 면접 점수에 포함시킬 수밖에 없다. 이런 요인들이 곧 자신감으로 비치기 때문이다.

'어차피 나는 계속 취직이 안 돼', '난 자신이 없어', '계속 떨어지니 어떻게 해야 할지 모르겠어', '공무원 시험도 계속 떨어져서 몇 년 동안 공부만 한걸', '오늘은 잘해야 하는데 계속 긴장되네'

이러한 생각들이 무의식적으로 어두운 표정을 짓게 만든다. 그러므로 어두운 표정에서 벗어나서 과감히 미소를 지으며 임하는 자세가 필요하다. 그렇지 않으면 면접관들은 바로 알아차린다. 면접관에게 비칠 자신의 표정을 항상 생각하자. 즉 면접관의 시선으로 자신을 보는 것이 필요하다.

또한 자신을 믿고 신뢰하는 것이 매우 중요하다. 미국의 철학자 랄프 왈도 에머슨은 "자기 신뢰가 성공의 제1의 비결이다."라고 말했다. 자신에게 신뢰가 있어야 보는 사람도 신뢰가 생긴다. 상대를 내 말에 귀를 기울이게 만들고 설득하려면 상대도 나에 대한 신뢰가 있어야 한다. 내가 자신에게 신뢰가 없는데 어떻게 남이 나를 신뢰할 수 있겠는가.

'내가 어떠한 사람으로 비쳐질까?'
'나는 탐나는 인재인가?'

이 2가지를 꼭 기억하고 자신을 믿고 신뢰하자. 이미 합격했다고 생각하면서 밝은 표정을 짓는 연습부터 하자. 어서 취업에 성공해서 다음 단계를 위해 쭉 뻗어 나갈 것이라고 믿어야 한다.

면접을 진행하다 보면 지원자마다 사소한 습관이 있다. 그러니 면접 전에 거울을 보고 복장도 꼼꼼히 확인한다. 거슬리는 습관은 없는지 살펴보는 것도 좋다. 나는 가족 앞에서 면접 연습을 하다가 나도 몰랐던 버릇을 고쳤다. 말할 때 긴장하면 머리카락을 만지는 습관이 있었던 것이다. 머리가 길었기 때문에 당황하거나 긴장하면 자꾸 머리카락에 손이 갔다. 그래서 면접을 갈 때는 항상 머리를 묶었다.

이처럼 지원자들은 무의식적인 자신의 습관을 고쳐야 한다. 간혹 지원자들 중에서 다리를 떨거나 시선 처리를 잘 못하는 경우를 종종 봤다. 이러한 행동들은 감점 요인이 된다. 산만하고 불안정해 보이기 때문에 신뢰감이 떨어지는 것이다.

하루는 면접 장소에 A, B 두 지원자가 들어왔다. A는 똑똑하고 스펙도 좋았으며, 자신의 주관이 굉장히 강했다. 신입인데도 불구하고 자신이 많이 알고 있다고 생각해서인지 다소 고집스러운 면도 느껴졌다. 그에 반해 지원자 B는 A보다는 스펙이 약간 낮은 편이었다. 그는 자신의 경험을 이야기하면서 솔직하게 생각을 표현했다. 스펙이 평범하고 학점이 약간 낮은 것에 대해서는 축구와 동아리 활동에 열정이 많아서 학점 관리를 조금 소홀히 하게 됐다고 대답했다. 그는 아마추어 축구회의 리더였고 동아리 및 아르바이트를 한 경험도 이야기했다. A와 B의 이야기를 들으면서 학교만 열심히 다니면서 자신이 다 옳다고 생각해 주관이 강한 A보다 회사에서 같이 일하면서 잘 융화될 수 있겠다는 생각이 드는 B를 채용하고 싶었다.

어차피 회사 입장에서 신입 사원들은 스펙에 관계없이 모두 똑같은 백지상태나 다름없다. 똑똑하고 능력이 뛰어나다고 할지라도 신입 사원이 업무에 투입되어서 바로 성과를 내기는 어렵기 때문이다. 그래서 무조건 잘나고 똑똑한 신입 사원만 찾지는 않는다. 조직에서 필요한 신입 사원은 혼자 똑똑하고 잘난 사람이 아니라 같이 일하고 싶고 열정이 있는 사람이다.

보통 지원자들 중에서 '나는 다른 지원자보다 똑똑하다', '나는 능력이 있어서 얼마든지 자신감이 있다', '내가 잘나서 나의 주장이 옳다는 것을 면접관에게 보여 주고 싶다', '나는 스펙이 매우 좋으니 당연히 붙을 것이다'라는 생각을 하는 이들이 있다. 하지만 인사 담당자자 눈으로 스스로를 바라보는 것이 중요하다. '면접관들이 나를 봤을 때 회사에서 같이 일하고 싶어 할까?', '나의 열정이 면접관에게 제대로 전달됐을까?'를 생각하자. 사람을 뽑는 입장에서 생각해 보면 답은 분명히 나온다.

꿈과 연결된
취업을 하라

무엇이든 간에 자신만의 꿈을 가지고 덤비세요.
실패할 수도 있으나 삶의 큰 자산이 될 겁니다.
– 마윈 알리바바 CEO

사람은 누구나 꿈이 있다. 하지만 꿈을 이루고자 할 때면 종종 시련이 닥치기도 한다. 우리가 겪는 시련은 소나기처럼 곧 그치게 마련이지만 그 소나기로 인해서 목표가 흔들릴 때가 있다. 곧 그칠 소나기로 인해 목표가 바뀌면 그것만큼 슬픈 인생도 없을 것이다. 시련이 닥쳐와도 흔들리지 말고 신념과 목표를 가지고 원하는 것을 이루어야 한다.

취업도 마찬가지다. 계속 불합격이라고 해서 나의 목표를 바꾸지는 않았는지, 나의 꿈을 포기하지는 않았는지 곰곰이 생각해 보자. 또한 취업 자체만을 목표로 삼고 나의 꿈과는 무관한 직무나 회사에 입사하려고 한 건 아닌지 생각해 보자. 아무 곳에나 취업만 하면 된다는 생각은 매우 위험하다. 입사 후에도 언제든지 방황할 수 있기 때문이다. 그러므로 취업을 통해 꿈과 비전을 달성하도록 해야 한다. 실제로 일을 하게 되면 그것을 발판 삼아 꿈을 향해 나아갈 수 있다. 물론 직장 생활에는 장단점이 분명히 공존한다. 극복해야 할 인간관계와 업무도 많지만 그래도 그만한 가치가 있다. 조직 속에서 사회생활을 배우는 것은 엄청난 경험이기 때문이다.

내 친구 B는 요리하는 것을 매우 좋아했다. 대학생 때는 전국으로 맛집을 찾아다니며 메모를 틈틈이 해 두었다. 음식을 먹어 본 뒤 집에 와서 직접 요리도 했다. 비가 오거나 눈이 와도 그녀는 멈추지 않았다. 훗날 그녀는 요리 학교로 유학을 가게 되었고 책도 출간했다. 요리에 대한 열정이 컸고 평가하는 법도 나날이 수준급이 되었다. 마침내 그녀는 귀국 후 호텔에 입사해서 레스토랑의 메뉴를 정하고 음식과 관련된 많은 행사를 담당하고 있다.

그녀는 자신의 꿈을 살려 취업한 것이다. 또한 지금도 그 꿈과 비전을 달성하며 왕성한 활동을 펼치고 있다. 누가 봐도 자신이 하는 일을 사랑하고 일에 대한 자부심이 있었으며 그 분야에서 성공하고야 말겠다는 의지를 볼 수 있었다. 이렇게 꿈에 대한 열정과 집념이 있으면 성공은 저절로 따라오게 된다.

TV나 인터넷에서 우리는 성공한 기업가에 대한 이야기를 종종 접한다. 성공한 CEO나 임원들 중에는 평사원으로 시작해서 능력을 인정받아 지금의 위치에 오른 사람들이 있다. 기업의 업종과 규모와는 상관없이 여러 사람들에게 인정을 받아서 높은 위치에 오른다는 것은 결코 쉬운 일이 아니다. 그들은 자신의 분야에서 최고가 되겠다는 꿈이 있었다. 그러한 목표가 없었다면 결코 그 자리까지 갈 수 없었을 것이다. 꿈을 향해 대담하게 나아가고 상상한 삶을 살기 위해 노력하면 평범한 시기에 뜻밖의 기회를 접하게 될 것이다.

그렇다면 꿈을 살리지 않은 채 취업을 할 경우 어떻게 될까?

- 오래 회사 생활을 하지 못하고 퇴사한다.
- 적성에 맞지 않거나 자신이 생각했던 기대와는 달랐기 때문에 갈등하다가 다시 취업을 준비한다.
- 업무가 재미가 없어서 시간이 가지 않는다.
- 일의 본질을 모른다.
- 직업에 대한 부정적인 말이나 행동을 하고 불평불만을 한다.
- '대충 일하고 버티면서 돈 벌자'라고 생각하면서도 스트레스를 받는다.

- 업무에서 성과를 내지 못한다.
- 경력을 쌓지 못하고 성공할 확률이 낮아진다.

자신의 꿈이나 목표와는 상관없이 무작정 취업을 하면 이러한 무료하고도 우울한 시간을 보낼지도 모른다. 나도 한때는 일단 취직만 하고 보자는 식으로 서둘러 입사했다. 그때는 내가 잘할 수 있는 일, 원하는 직무를 따져 가며 서류를 낸다는 것은 사치라고 생각했기 때문이다. 하지만 그것은 사치가 아니었다. 당연히 진지하게 고려했어야 했다. 입사한 후 나는 마치 어둠의 터널을 걸어가는 듯한 느낌이 들었다.

'이게 아닌데' 아차 싶었다. 결국 나는 두 달 만에 회사를 그만뒀고 다시 취업을 준비했다. 아주 짧은 기간이었지만 취업은 정말 신중해야 한다는 것을 깨달았다. 연봉이나 복리후생도 물론 중요하지만, 회사 생활을 잘하려면 자신의 꿈과 조금이라도 연관 있는 업무를 선택하는 것이 도움이 된다. 그래야 10년, 20년 후에 자신의 경력을 뚜렷하게 쌓을 수 있다.

사람은 누구나 가고자 하는 인생의 방향이 있다. 그리고 취업은 그 인생의 방향을 결정하는 데 중요한 역할을 한다. 사회에서 직업은 곧 그 사람이 누구인지 설명해 줄 수 있고 나를 나타내는 하나의 수단이다. 그래서 신입 사원으로서 꿈과 연결된 취업을 하는 것이 중요하다. 큰 방향을 바라보면서 지금 하는 일의 전체 그림을 그려 볼 수 있기 때문이다. 자신을 나타내고 삶의 존재 이유라 할 수 있는 동기나 꿈이 있는지 진지하게 생각해 보자.

"나는 입사 후에 첫 여성 CEO가 될 것이다."

"나는 우리 회사 매장들 중 한 곳에서 점장이 될 것이다."

"나는 회사 전체에서 영업왕이 될 것이다."

"나는 승진해서 임원이 꼭 될 것이다."

"이 회사에서 10년간 일한 후 나만의 노하우로 미래에 내 회사를 개업할 것이다."

"나는 사회에서 성공할 것이다."

이렇게 큰 그림을 그리면서 다양한 방향들을 생각할 수 있다. 월트 디즈니는 "꿈꾸는 것이 가능하다면 그 꿈을 실현하는 것도 가능하다. 이 모든 것이 작은 생쥐 하나로 시작되었음을 기억하라."고 말했다. 지금은 입사해서 작은 일부터 시작하는 신입 사원에 불과하지만, 자신의 꿈이 나중에 어떤 방식으로 실현될지는 아무도 모른다. 작은 시작이 인생의 큰 방향을 정하는 신호탄이 될 수도 있다.

직장인이라고 꿈을 가지지 말란 법은 없다. 많은 기업의 CEO나 유명한 성공자들도 처음에는 신입 사원에서 시작한 경우가 많았다. 식품회사에서 오래 근무하다 그것을 기반으로 자신의 가게를 오픈한 사람도 보았다. 회사 생활을 하면서 이뤄 놓은 인적 네트워크는 언젠가 분명히 도움이 된다. 일을 하면서 쌓은 자신의 업무 역량, 사회적 네트워크는 정말 값진 것이다.

인생은 언제나 예측이 불가능하다. 예측할 수 없기에 내가 꿈꾸는 대로 인생을 만들어 갈 수 있고 직업을 선택할 수 있다. 스펙을 따라서 무작정 좋은 회사에 취직하면 그만이라는 생각은 이제 그만하자. 인생은 취업이 되었다고 해서 끝이 아니다. 그때부터 진정한 게임이 시작되고 꿈을 향한 도전이 시작된다. 하지만 이것만은 기억하자. 이 게임에서 최종 승자는 꿈과 연결된 취업을 한 사람이라는 것을.

CHAPTER 3

취업 성공을 위한
8단계

1단계

나의 경쟁력
분석하기

너 자신을 알라.
– 소크라테스

"저는 재무팀으로 가고 싶습니다. 구매팀의 업무가 저와 맞지 않습니다."

구매팀의 인원 충원을 위해 수시 채용 면접을 진행했을 당시, 이 지원자는 분명히 구매팀에 입사하길 원했다. 그런데 3개월도 채 되지 않아 재무팀으로 부서를 옮기고 싶어 했다. 자신의 적성과 성격을 모른 채 취업을 한 결과다.

이렇게 자신의 적성과 성격을 확실히 파악하지 않고 취업 자체만을 목표로 삼으면 시간을 낭비하게 된다. 자신에 대해서 정확히 모르면서 어떻게 직장에 들어가서 일을 잘할 수 있겠는가? 아무리 연봉이 높고 복리후생이 좋은 회사라고 하더라도 업무 자체가 너무 싫고 적성과 맞지 않으면 회사 생활을 지속하기 어렵다. 예를 들어 영업이 적성에 맞는 사람에게 사무실에 하루 종일 앉아서 회계 자료를 만드는 일을 계속 시킨다면 성과를 내지 못할뿐더러 일하는 것이 고역일 것이다. 결국 업무를 주는 사람이나 하는 사람 모두 피해를 본다. 만약 보험 상품을 직접 설계하고 리스크를 분석하는 사람에게 보험 판매를 하라고 하면 나가서 사람을 만나는 일조차 어려울 수 있다.

적성이나 성격에 맞는 일을 해야 성과를 올릴 수 있는 만큼, 결국 자신의 경쟁력을 제대로 아는 것이 중요하다.

한번은 면접을 진행한 적이 있었다. 일본어를 전공한 여성 지원자 한 명이 재무팀 경력직으로 지원했다. 일본어 전공인데 재무팀에 지원하는 것이 의아했다. 하지만 이런 의아함은 곧 사라졌다. 그녀는 첫 회사에서 전공과는 무관하게 재무팀으로 입사하게 되었는데 예상외로 업무가 적성에 잘 맞았다고 했다. 그래서 틈틈이 회계와 세무 관련 자격증을 취득했고, 그것이 곧 그녀의 경쟁력이 되어 다른 회사로 이직을 하게 된 것이다. 그녀는 이런 요소들이 자신의 경쟁력이라는 것을 잘 알고 있었다. 또한 이전 직장에서의 성실함까지 보였다. 조용하고 꼼꼼해 보이는 그녀의 이미지와 업무 방식이 잘 어울렸다. 면접자 입장에서 신뢰가 갔고 결국 그녀는 재무팀에 입사하게 되었다.

이처럼 적성과 성격을 정확히 파악해야 자신의 경쟁력을 분석할 수 있고 취업에 성공할 수 있다. 또한 여러 직무에 모두 지원하며 100장 이상의 지원서를 제출하는 수고도 덜 수 있다. 모든 회사에 지원한다 하더라도 자신이 왜 그 직무를 하고 싶은지, 자신과는 잘 맞는지 등을 정확히 알지 못하면 면접에서도 낭패를 볼 것이 틀림없기 때문이다. 입사 후에도 고역일 것이다. 단 몇 개월만 일하기 위해서 자기소개서, 이력서, 토익 등을 준비하는 것이 아니기 때문에 우선 자신을 제대로 알자. 자신의 적성과 성격을 파악하고 경쟁력을 강화하면 취업에 빨리 성공할 수 있다. 또한 향후 회사에서 업무를 처리할 때도 빠르게 성과를 낼 수 있다.

자신의 경쟁력을 분석하기 좋은 방법은 인턴십을 통과하는 것이다. 내가 경험했던 것처럼 한 조직에서 인턴으로 일해 보면 업무를 할 때 자신의 경쟁력이 무엇인지 알 수 있다. 인턴 프로그램을 단지 스펙을 추가하기 위해서 한다고 생각하지 말고 자신의 역량을 기른다는 생각으로 임하자. 나는 인턴으로 일하면서 틈틈이 엑셀과 파워포인트를 배워 경쟁력을 높였다. 이런 프로그램들을 잘 다루면 업무를 하는 데 있어서 시간이 훨씬 절감되기 때문이다. 결국 내가 편해지는 것이다.

인턴으로 일하면서 조직에서의 대처법도 알게 되었다. 어떻게 일해야 하고, 보고하는 방법은 어떻게 해야 하는지도 알았다. 무엇보다 나의 성향과 어떤 업무가 적성에 맞는 것인지도 알았으며 다른 인턴들과 비교해서 내 경쟁력을 분석할 수 있었다. 경쟁력이 있는지 없는지, 있다면 무엇인지, 없다면 경쟁력을 높이기 위해 무엇을 해야 하는지 파악했다. 인턴으로 일했던 것은 역량을 강화하는 데 좋은 출발점이 되었다. 지인들 중에서 인턴으로 일했던 사람들도 취업을 할 때 훨씬 유리했다.

지원자의 입장에서도 이미 조직에서 일해 본 경험이 있으므로 인사 담당자에게 자신의 경쟁력을 어필할 수 있다. 또한 인턴으로 일하면서 자신의 성향을 재발견할 수도 있다. 회사의 입장에서도 인턴 경험이 있는 사람을 좀 더 선호한다. 이미 사람들과 일해 봤던 경험이 있는 것은 업무에 익숙해지는 시간들을 줄여 주기 때문이다. 백문이 불여일견이라고 했다. 한 번이라도 일해 봤던 경험은 그만큼 가치가 있다. 인턴십을 통해서 자신의 위치와 경쟁력을 분석하는 방법을 파악하고 취업할 때 이를 적용해 보자.

취업은 인생에서 중요한 부분을 차지한다. 사람이 살아가는 데 있어서 직업을 배제하고 자신에 대해서 말할 수는 없다. 그러므로 자신의 적성과 경쟁력을 알아내어 잘할 수 있는 것을 찾아보자.

그것을 발전시켜서 자신이 원하는 방향으로 취업할 수 있는 발판으로 삼아야 한다. 항상 자신에 대해서 잘 알고 경쟁력을 분석하는 것이 취업 성공의 첫 번째 단계다.

취업에 도움이 되는 자기계발하기

당신 자신을 향상시키면 모든 것을 향상시킬 수 있다.
－짐 론

보통 취준생들은 서류 전형과 면접 준비 등으로 바쁘다. 하지만 아무리 바빠도 자기계발은 반드시 해야 한다. 제대로 된 자기계발은 취업을 위한 밑거름이 되고, 취업 후에는 더욱 빛을 발할 것이다. 하지만 방법이 잘못된 경우가 종종 있다. 자격증을 한 개라도 더 취득하기 위해 학원에 다닌다거나 하루 종일 앉아서 시험 준비를 하는 것 등이다.

자기계발을 똑똑하게 하는 방법에는 어떤 것들이 있을까? 실무에서 바로 사용할 수 있는 자격증이나 지원하려는 직무에 적합한 자격증도 도움이 되지만, 전문적인 분야의 자격증이나 기술을 필요로 하는 자격증은 반드시 취득할 필요가 있다. 흔하고 쉬운 자격증 대신 원하는 직무와 관련이 있고 자기계발에도 도움이 되는 자격증을 찾아야 한다. 그러면 가고자 하는 직무에 합격했을 때 바로 업무에 사용 가능한 자격증이 될 것이다. 전문적인 자격증 공부를 하면서 자기계발을 하는 것이 취업 전과 후에도 많은 도움이 될 것이다. 자격증 취득도 시간을 투자해야 하는 공부이므로 신중하게 생각해서 결정해야 한다.

회사나 직무에 연관된 책을 많이 읽는 것도 도움이 된다. 특히 독서는 많이 할수록 좋다. 영업부나 마케팅부에 입사할 경우, 대학교에서 수업을 듣고 배웠던 것과 실전은 많이 다르다. 실무에서는 이론이 통할 때도 있지만 통하지 않을 때가 더 많다. 관련 책에는 입사 후에 이미 이러한 경험을 한 사람들의 이야기가 담겨 있다. 그들의 과정과 역경, 실패, 성공들을 간접적으로 체험할 수 있다. 실전에서 고군분투한 회사원의 이야기도 있고, 영업 판매왕의 성공기도 있다. 마케팅 기법을 실무적인 관점에서 풀어낸 스토리도 있다.

만약 자신이 가고자 하는 직무와 연관된 책이 있다면 꼭 읽도록 하자. 면접관이 압박 질문으로 전문적인 지식을 물어볼 때도 도움이 되고, 입사 후에도 좋은 밑거름이 될 것이다. 그야말로 일석이조의 효과다.

취업에 필요하고 취업 후에도 필요한 능력 중에는 엑셀과 파워
포인트가 있다. 내가 면접을 진행할 당시 옆에 앉았던 인사부장이
지원자에게 다음과 같이 물었다.

"A 씨는 이력서에 본인의 엑셀 수준을 상중하 중에서 '상'이라
고 기재했습니다. 잘한다고 생각합니까?"

"네. 웬만큼 잘한다고 생각해서 상이라고 표기했습니다."

"그럼 데이터 관리도 잘하시겠네요?"

"네."

"그럼 한 가지만 묻겠습니다. VLOOKUP 함수는 무엇입니까?"

"아, 그건 잘 모르겠습니다."

"그럼 쉬운 것을 묻겠습니다. 엑셀 함수 ROUND에 대해서 말
해 보세요."

"음, 생각이 잘 나지 않습니다."

"좀 더 생각해 보시겠어요?"

"아닙니다. 잘 모르겠습니다."

지원자 A는 이력서에 자신의 엑셀 수준을 상으로 표기하고 자
신 있다고 했지만 결국은 면접관의 질문에 대답하지 못했다. 면접

관이 한 기초 질문과 고급 질문들에 대해서 모두 대답했다면 지원자는 좋은 인상을 남겼을 것이다. 입사 후에도 엑셀은 필수라는 것을 기억하도록 하자. 표를 만들고 계산을 하며 데이터 관리에 능숙해야 업무에서 성과도 낼 수 있다. 무엇보다 엑셀과 파워포인트의 고급 기술을 능숙하게 다룰 줄 알면 자신이 제일 편하고 좋다. 그만큼 업무 시간도 줄어들고 보고서의 질도 향상되기 때문이다.

엑셀이나 파워포인트에 대해서 자격증을 따려고 부담을 갖거나 스트레스를 받기보다 관련 책을 통해서 쉽게 배우면 된다. 책을 보고 한 단계씩 따라 하며 꾸준히 익히도록 하자. 실제로 회사에서 보고서를 잘 작성하고 성과를 내는 회사 선배들이 출간한 책들이 많다. 이런 책들을 참고하면 실무적으로 접근하는 데 도움이 된다. 입사 후에 시작하는 것보다 취업 준비 기간 동안 준비하면 그만큼 시간을 벌 수 있다.

단기간에 토익을 끝내고 비즈니스 영어를 공부하는 것도 취업에 큰 도움이 된다. 면접 때 한 지원자는 토익 점수도 있었고 영어를 잘하는 편이라고 했다. 그는 해외마케팅에 관심이 있었다. 주로 해외 파트너사와 영어로 계속 소통해야 하는 직무였다. 영어로 상황을 설정해서 질문했을 때 그는 영어로 잘 대답했다. 준비된 지원자였다. 이렇게 실무에서 사용하는 단어와 문장을 아는 것이 중요하다.

비즈니스 회화를 공부하다 보면 회사에서 주로 사용하는 단어와 표현을 알게 된다. 이것은 영어 면접 때도 유용하게 사용할 수 있고 영어 이력서 작성에도 도움이 된다. 비즈니스 이메일을 작성하는 방법도 알아 두면 유용하다. 한 번 공부해 놓으면 반복적인 업무를 할 때나 급하게 필요할 때 당황하지 않고 효율적으로 업무를 처리할 수 있다. 해외 관련 업무, 무역실무 일을 하고자 사람들에게는 필수다.

취업에 도움이 되는 자기계발은 취업을 준비하는 기간에도 중요하다. 취업에 도움이 된다면 당연히 취업 후에도 꼭 필요할 것이기 때문이다. 전문 자격증, 직무와 연관된 독서, 엑셀과 파워포인트, 비즈니스 영어 이 4가지는 취업 후에도 중요한 역할을 하므로 미리 준비하는 자세가 필요하다. 실무에 도움이 되는 실용적인 자기계발을 하자.

3단계

입사하고 싶은 회사
버킷리스트 적기

긍정의 힘을 믿어라.
- 제프 켈러

"당신의 가슴을 뛰게 하는 회사가 있습니까? 이 회사에 정말로 입사하고 싶습니까? 당신의 가슴을 뛰게 하는 회사의 버킷리스트를 적어 봤습니까? 취업에 언제 성공한다고 적었습니까?"

나는 모든 취준생들에게 위와 같이 묻고 싶다. 누구나 살면서 꿈을 꾼다. 사람들은 원하는 것을 하나둘씩 이루면서 살아간다. 취업도 마찬가지다. 취업한 모습을 상상하고 꿈꾸는 사람들이 있다. 그 꿈을 자세히 글로 적으면 그만큼 이룰 수 있는 확률도 높아진다. 취업 후에 하고 싶은 것들을 상상하자. 또는 원하는 회사에 입사한 모습을 상상하자. 《그리스인 조르바》의 저자 니코스 카잔차키스는 "존재하지 않는 것을 열심히 믿으면 그것을 창조하게 된다."라고 말했다. 당장 종이와 펜을 준비하라. 꿈을 글로 적어 보고 구체적으로 상상할 때, 보고 싶은 미래가 빠른 속도로 펼쳐진다. 따라서 꿈은 반드시 글로 적어 봐야 한다. 글로 적으면 뚜렷해진 목표로 빠르게 나아갈 수 있다. 가고 싶은 회사 버킷리스트를 적어 보자. 쓰면 이루어지는 힘을 믿고, 가고 싶은 회사들을 하나씩 써 보자.

취준생들은 모두 취업하는 꿈을 꾼다. 취업해서 승진하는 꿈을 꾸고 월급을 받는 자신의 모습도 상상한다. 오늘보다 더 나은 내일을 상상하며 취업이 되기를 간절히 소망한다. 그러나 현실은 암담할 때가 많다. 대학 5년생이라고 불릴 정도로 졸업을 미루는 학생들이 있는가 하면 졸업 후 2년이 지나도록 취업이 안 되는 학생들도 있다. 그 학생들에게 나는 구체적인 시점, 가고자 하는 회사명, 가고 싶은 이유를 종이에 한번 써 보라고 권하고 싶다. 펜으로 쓰면 쓸수록 목표가 구체적으로 정해진다. 메모의 힘은 많은 사람들이 꿈을 이루고자 할 때 쓰는 방법이기도 하다.

대기업의 CEO나 성공자들은 대부분 메모하는 습관이 있다. 자신이 원하는 것은 종이의 귀퉁이에라도 써 놓는다. 그들은 시간이 좀 걸리더라도 적어 놓은 것들이 이루어진다고 말한다. 머릿속에서 생각만 하는 것보다 자신이 직접 종이에 써 보면 그것이 시각화되어 꿈을 더욱 구체적으로 실행할 방법들을 찾아보게 된다. 이것이 버킷리스트를 작성하는 이유이고 이루어지는 힘이다.

내가 아는 사람들 중 몇 명은 매일 버킷리스트를 작성한다. 매일 쓰고 시각화하며 그것을 실행하려고 노력하면 이루어지는 힘을 믿기 때문이다. 부동산 분야에 몸담고 있는 Y는 매일 자신의 버킷리스트를 작성하는 것으로 하루를 시작한다고 한다. 심지어 그의 이메일 비밀번호도 버킷리스트를 이루는 날짜로 지정했다고 한다. 날짜를 정해 놓으면 더욱 동기부여가 된다. Y는 버킷리스트를 꾸준히 작성해 온 결과, 쓰면 이루어지는 힘을 진짜 경험했다고 한다. 그는 비록 젊은 나이지만 지금은 유명해져서 책도 출간했고 온라인 부동산 카페를 활성화시켰으며, 컨설턴트로서 TV에도 출연했다. 물론 이런 활동으로 인해 경제적인 부도 크게 이뤘다.

대기업 S사에 입사한 내 친구도 신기하게 이 방법을 사용했다. 입사하고 싶은 회사 버킷리스트와 서류 전형 마감일, 면접일, 필수 전문지식 등을 적고 합격이라는 단어를 적었다. 친구는 처음에 이렇게 쓰는 것이 무슨 효과가 있을까 의심했다고 한다. 그래도 밑져야 본전이라는 생각으로 버킷리스트를 작성하기 시작했다. 놀랍게도 버킷리스트를 작성하고 3개월 후 친구는 내 친구들 중에서 제일 빨리 취업이 되었고 지금은 과장이 되어 해외 출장도 많이 다니면서 회사 생활을 잘하고 있다.

'버킷리스트를 작성하면 이루어진다'라는 것은 미신이나 속임수가 아니다. 펜으로 적으면서 스스로 할 수 있다고 믿고 이루어지기를 간절히 바라는 것이다. 적어 놓은 글을 계속 보며 시각화하면 어느새 무의식중에 그것을 이루기 위한 행동을 하게 된다. 계속 행동하다 보면 분명히 이루어지는 날이 온다.《나를 향해 달린다》의 저자인 제리 린치는 "스스로 할 수 있다고 믿을 때 동기부여가 되고, 헌신하게 되고, 이 모든 것들이 성공에 직결된다."라고 말했다. 모든 사회적인 현상은 복합적으로 일어나며 우연히 일어나지 않는다. 종이와 펜을 가지고 하는 작은 행동일지라도 분명히 이루고자 하는 일을 성공으로 이끌 수 있다.《종이 위의 기적, 쓰면 이루어진다》에서도 목표를 달성하고 싶으면 그것을 기록하라고 저자는 말한다. 예일대 졸업생을 대상으로 "당신의 꿈이 있습니까?"라는 질문을 던졌는데 그중 꿈을 기록하고 있었던 3%의 졸업생이 축적한 부가 꿈을 적지 않았던 나머지 97% 졸업생의 부보다 많았다고 한다. 이렇게 목표를 기록하고 결과를 계속 머릿속에서 상상하는 힘은 결코 무시할 수 없다.

버킷리스트를 작성하려면 먼저 입사하고 싶은 회사를 적어 보자. 우선 10개를 작성하고 5개씩 추가한다. 지원하는 회사들의 지원서 및 구비 서류의 종류도 작성한다.

다음과 같은 방식으로 계속 버킷리스트를 작성한다. 마감일이나 발표일 옆에는 구체적인 날짜를 적는다. 합격 발표일을 정확히 적고

회사 버킷리스트 작성 예

- 가고 싶은 회사 이름 :
- 지원 마감일 :
- 서류 발표일 :
- 인·적성 검사 :
- 검사 발표일 :
- 1차 면접 :
- 2차 면접 :
- 합격 발표일 : 나는 ○월 ○일에 합격한다.
- 업계 전문지식 :

'나는 ○월 ○일에 합격한다'라고 작성한다. 매일 회사 버킷리스트를 업데이트하면서 해야 될 것들에 대한 일정을 세우는 것이 좋다.

영화 〈버킷리스트〉에서 에드워드와 카터는 죽기 전에 뭘 해야 할지 생각해 보고 버킷리스트를 작성한다. 그리고 목록을 하나하나 이뤄 가며 뜻깊고 가슴 벅찬 감정을 느낀다. 당신도 일단 써보라. 간절히 원하면서 의심을 품지 말고 끌어당김의 힘을 믿자. 믿고 실행하면 분명히 취업도 이루어진다. 회사명을 적으면서 자신의 취업 후 모습을 상상해 보자. 단, 여기서 주의할 점은 부정적인 생각과 '설마 되겠어?'라는 의심을 하지 않는 것이다.

4단계

지원하는 업계와
직무 분석하기

노력 없이 성공하려고 하는 것은
씨를 뿌리지 않고 수확하려고 하는 것과 같다.
– 데이비드 브라이

지원하는 업계와 직무별 상세 업무를 아는 것은 매우 중요하다. 특히 직무를 분석해서 구체적인 업무 내용을 알면 취업을 준비할 때 많은 도움이 된다. 어떤 업무를 내가 할 수 있는지, 잘 해낼 수 있는지 등을 분석하며 자신의 적성과 기대치를 조율하는 작업을 할 수 있다.

평소에 뉴스나 신문기사를 보며 지원하는 업계에 대해서 미리 조사할 것을 권한다. '이 업계가 올해는 불황기라서 사람을 채용하지 않는다', '이 업계는 지금 침체기다', '경제시장이 활성화되어 업계의 트렌드가 있다' 등을 찾아볼 수 있다. 따라서 최신 뉴스를 접하면서 업계에 대한 이해도를 높이자. 예를 들어, 극심한 일감 기근을 겪는 조선업계는 올해 경영 정상화에 집중한다는 것, 회사들의 수주난이 계속된다는 것, 대우조선이 희망퇴직을 접수한다는 것, 2016년 11월 취업자 증가 폭이 6년 만에 최저로 나타났는데 이는 조선업계의 고용 감소가 원인이라는 것, 업종별 노동시장 구조 변동이 지속된다는 것 등을 찾아볼 수 있다.

또한 뉴스에서 통계청이 발표한 2016년 '11월 고용 동향'에 따르면, 산업별·연령별 고용 동향은 엇갈렸다. 조선·해운 등 주력산업 붕괴로 제조업 취업자도 역시 지난 11월에 10만 2,000명이 감소해 두 달 연속 10만 명 이상 감소세를 이어갔다. 이러한 현상은 글로벌 금융위기 직후인 2009년 이후 처음이다. 한편 산업별로 살펴보면 건설업(11만 1,000명), 보건업 및 사회복지서비스업(8만 5,000명), 숙박 및 음식점업(7만 4,000명), 교육서비스업(5만 4,000명) 등에서 취업자 수가 증가했다. 제조업 취업자 수는 지난 7월에 6만 5,000명 감소를 시작으로 11월까지 5개월째 감소했다.

이렇게 미리 조사해서 지원하는 업계에 대한 전략을 세우는 것이 중요하다. 업계의 불황과 호황을 조사하고 경쟁률을 알아야 자신의 취업 방향을 정할 수 있기 때문이다. 불황인 업계는 당연히 신입 채용을 줄이게 마련이다. 고용이 감소하고 있는 업계에 지원하는 것은 신중히 생각해 봐야 한다. 특정 업계의 고용이 감소한다는 것은 경영 상태가 불안하다는 것이고, 그만큼 해당 업계의 취업 관문도 줄어들었다는 것이기 때문이다.

그렇다면 직무별 상세 업무를 분석해 보자. 업무는 기본적으로 다음과 같다.

직무	직무 내용
기획	전략적인 경영 계획의 수립으로 회사의 이윤을 극대화하기 위해 전사 경영방침 및 사업계획 수립, 기획·마케팅·영업 등 기능별 사업 전략을 수립하고 추진하는 업무
경영 관리	최적의 업무 지원을 통해 업무 생산성을 극대화하기 위해 예산 수립 및 성과 평가, 법무 관련 업무 및 지원 업무
인사	인사·조직 관련 제도의 기획, 실행 및 노사 업무를 통해 인당 생산성을 높이고 인사·조직제도의 개선 및 시행, 보상 개선, 복리후생, 인재 개발 등의 업무를 통해 인적 자원의 역량을 개발하는 업무
구매	전략적 구매 및 자재 관리를 통해 회사의 수익성 향상에 기여함을 목적으로 구매 전략 수립, 구매 및 관련 계약 관리, 자재 관리 및 구매 정보 등을 관리하는 업무
재무	자금의 조달·운용의 효율성 제고를 통한 재무 건전성 확보 및 경영 효율성 제고를 위해 캐시 플로우(현금 흐름) 관리, 자금 조달, 재무정보 제공, 세무 관리, 재무 리스크 관리, 내부 통제 등의 업무
전산	경영 혁신 중장기 계획 수립, 전산 시스템의 운영 및 관리 등의 업무를 수행

R&D	신규 아이템 개발 및 기존 공정 개선을 위해 도면 해석, 공정 설계, 견적 기초자료 생성, 공정 개선, 샘플 제작, 신기술 개발, 금형 설계 등의 업무
영업	축적된 기술 경험 및 노하우를 바탕으로 고객 불만을 최소화하고, 채산성에 기반을 둔 수주를 확대함으로써 회사의 이윤을 극대화하는 업무
생산	효율적인 생산을 통해 생산성을 향상하고 생산 공정 관리 및 관련 원가 관리 업무
경영 지원	공장 운영의 효율화를 통해 생산성 향상 및 회사에 기여하고 공장 관련 인사 · 노무 · 총무 · 회계 · 물류 · 출하 업무 등을 수행

직무와 그에 따른 상세 업무를 보면 자신이 생각했던 것과는 다른 것이 있을 것이다. 하나씩 살펴보며 자신의 성향과 잘 맞는 지, 자신이 하고자 하는 일이 어떤 직무와 연관되어 있는지 확인 하고 지원하는 것이 중요하다. 예를 들어, 경영 관리와 경영 지원 을 헷갈릴 수도 있고, 기획과 경영 관리를 혼동할 수도 있다. 조금 씩 업무들의 성격이 다르니 주의를 기울이는 것이 좋다. 또한 각 회사마다 부서의 이름이 다르므로 부서와 연관된 각각의 업무를 확인하는 것이 필요하다.

업계와 직무를 분석하기 위해서는 다음과 같은 순서대로 진행하면 된다.

1. **지원할 업계를 신중하게 고른다. 한 업계만 고집하지 말고 2~3곳 정도를 고른다.**
2. **선택한 업계에 대해 조사한다.**
   - **오프라인: 사람들이 최근 동향에 대해 말하는 것을 듣고 참고한다. 이미 그 업계에 있는 학교 선배나 지인, 회사 선배 등을 통해 최근 소식을 들을 수 있다.**
   - **온라인: 최신 기사나 뉴스 등을 참고한다.**
3. **조사한 내용 중에서 침체기 및 고용 감소 업계는 제외한다.**
4. **선택한 업계의 회사들을 조사하고 지원하고자 하는 회사를 고른다.**
5. **각 회사의 직무를 확인하고 자신이 원하는 직무와 일치하는 부서를 찾는다.**
6. **업계와 직무를 확실히 결정하고 지원한다.**

취업 준비를 할 때 지원하는 업계와 직무를 분석하는 것은 나만의 전략을 세우기 위해서 매우 중요하다. 지원하는 업계의 동향을 잘 살펴보고 그 업계의 취업자 수의 증가나 감소도 눈여겨볼 필요가 있다. 그런 다음, 회사를 잘 선택해 나와 맞는 직무를 세부적으로 찾아보자.

인사 담당자의 입장에서
자기소개서와 이력서 쓰기

자기 평가보다 더 이익이 되는 것은 없다.

— 존 밀턴

"자격증은 굉장히 많은데 경력이 짧네요. 그리고 이직을 많이 했네요. 특별한 이유가 있었습니까?"

면접장에서 지원자에게 물었다. 지원자는 한국산업인력공단에서 취득한 여러 종류의 자격증들이 5개나 있었고, 대한상공회의소 및 한국소방안전협회 취득한 자격증들도 있었다. 기술 관련 자격증들로 희소성도 있었다. 하지만 그는 현재 38세였고 10년 동안 무려 6군데의 회사에 다니며 중간에 몇 개월씩 공백 기간이 있었다. 채용하는 직무에 적합한 자격증을 보유하고 있긴 했지만 그를 채용하기에는 과거의 이직이 잦다는 점이 마음에 걸렸다. '이 지원자는 왜 이렇게 이직을 많이 했을까? 우리 회사에서도 다시 이직을 금방 할 수도 있겠다'라는 생각이 들었다. 그래서 혹시나 하는 마음에 자기소개서를 다시 살펴봤다. 하지만 자기소개서에는 이 지원자를 잘 파악할 수 있는 일화나 경험이 없었다. 물론 왜 이직을 자주 하게 되었는지도 알 수 없었다. 그의 자기소개서에는 일반적인 문구들만 잔뜩 나열되어 있었다.

"회사에 필요한 존재가 되고자 문을 두드리게 되었습니다."

"저의 단점은 사람을 잘 믿는다는 것입니다. 그래서 힘들었던 경험이 있습니다."

"대학을 졸업하고 사회생활을 하면서 제가 가장 중요하게 느낀 것은 바로 인간관계입니다. 사람은 혼자서는 살 수 없고 더불어 살아가야 하는 존재이므로 좋은 인간관계를 맺는 것이 중요하다고 생각합니다."

이 문구들을 봤을 때 그가 이직이 잦은 이유가 인간관계에 있을 수도 있다는 생각이 들었다. 나는 단지 추측만 할 뿐이었다.

인사 담당자는 지원자의 어떤 부분에 대해서 궁금해할까? '내 자기소개서는 면접관이 읽고 기억에 남을 만한 이야기가 있는가?', '짧고 임팩트 있게 작성했는가?', '내가 이직이 많은 것에 대해서 궁금해하진 않을까?', '내가 이직한 이유를 부드럽게 잘 설명할 수 있는가?' 등을 고려해서 자기소개서를 작성하면 자신의 이야기도 자연스럽게 보여 줄 수 있다. 또한 나의 단점에 대한 보충 설명을 통해 이미지를 긍정적으로 변화시킬 수도 있다. 솔직하고 진정성 있는 이야기는 언제나 매력적이기 때문이다.

자기소개서와 이력서를 작성할 때는 채용사의 입장에서 다시 한번 생각해 보고 쓰는 것이 좋다. 보통 자기소개서를 작성할 때는 자신에 대한 모든 것을 다 알기 때문에 사소한 것이라고 생각해 쓰지 않을 때가 종종 있다. 하지만 면접관은 당신에 대해 전혀 모르는 상태다. 당신은 면접관에게 당신에 대해서 설명하고 좋은 점을 어필해야 한다는 것을 명심해야 한다.

어느 날, 취업 사이트에 올라온 한 지원자의 이력서를 클릭했다. 이력서는 빈칸이 없이 꼼꼼하게 작성되어 있었다. 그런데 사진이 이상했다. 사진을 여름에 찍었는지 목이 둥글게 파인 반팔 티셔츠를 입고 있었다. 이력서 사진은 단정한 정장 차림의 정면 사진을 첨부하는 것이 일반적인데, 평상복을 입고 찍은 사진을 이력서에 붙인 것이다. 꼼꼼하게 작성된 이력서였지만 사진에서 나는 실망할 수밖에 없었다.

반면 자기소개서의 성장 과정, 장단점, 입사 후의 포부에는 각

각 간략하게 소제목이 작성되어 있었다. 성장 과정 옆에는 "한 편의 영화 같은 나의 인생"이라고 적혀 있었는데, 그 문구가 나의 눈을 멈추게 했다. 각각의 소제목들은 정확하게 그녀가 말하고자 하는 키워드를 담고 있었다. 비록 그녀의 사진은 부적격이었지만 서류의 내용은 좋았다.

이렇게 자기소개서에 소제목을 쓰면 채용자의 눈에 쉽게 들어온다. 우리가 책을 살 때도 제목과 목차를 보고 구입할지 말지를 결정하는 것처럼 자기소개서도 마찬가지다. 자신을 표현할 수 있는 키워드를 창의력을 발휘해서 소제목으로 넣으면 보는 사람의 입장에서도 지원자의 서류를 한 번이라도 더 읽고 싶어진다. 취업 포털 잡코리아에 따르면 인사 담당자가 지원자 한 명의 서류를 보고 판단하는 데 겨우 9.9분 걸린다고 한다. 그 짧은 시간 안에 담당자의 눈을 확 사로잡는 자기소개서의 소제목을 작성해 보자.

그렇다면 면접관이 읽고 싶지 않은 자기소개서 유형은 어떤 것이 있을까? 시작 부분을 '언제 어디서 태어났고, 형제가 몇 명'이라는 문장은 더 이상 쓰지 말자. 많은 지원자들이 아직도 '좋은 부모님 밑에서 자랐다'거나 '엄격하신 부모님 밑에서 자랐다'라는 내용을 쓴다. 나는 이 내용을 백 번도 넘게 본 것 같다. 왜 이 문장은 바뀌지도 않는지 피곤할 때가 많다. 어디서 초등학교, 중학교, 고등학교, 대학교를 졸업했는지 나열하는 것도 피하는 게 좋다. 이미 이력서에 쓴 내용이기 때문이다. 그러므로 쓸데없는 내용으로 빈칸을 낭비하지 말고 일관된 나의 이야기를 구체적으로 작성하자. 성장 과정에서 기억에 남는 특별한 경험이 있는지, 그 경험에서 무엇을 배웠고 어떤 가치관을 성립하게 되었는지를 쓰는 것이 자기소개서를 잘 활용하는 법이다.

취업 포털 사람인에 따르면 기업 10곳 중 8곳은 채용 시 지원자들의 스펙을 중요하게 보지 않는 것으로 나타났다. 기업 226곳을 대상으로 한 설문조사 결과 "채용 평가 시 스펙을 중점적으로 보는가?"라는 질문에 81.9%가 "아니다."라고 대답했다. 스펙 대신 중요하게 평가하는 것으로는 책임감, 원만함 등의 인성적 요소가 71.9%를 차지했다. 갈수록 스펙 대신 인성적 요소가 중요해지고 있다는 것을 알 수 있다. 경험을 통해 인성을 드러내고 면접관에게 '나'라는 사람을 보여 주자. 가족 관계나 학력 등은 자기소개서에 더 이상 쓰지 말자.

또한 지원자가 쓴 문장이나 단어가 적절하지 않을 때 면접관은 그 지원자의 글을 더 이상 읽지 않는다. 자신의 경험을 쓸 때 솔직하게 쓴다는 것이 오히려 독이 될 때가 있다. 지원자 입장에서는 감정을 많이 표현하기 위해서 '귀찮았다', '싫었다', '짜증 났다', '포기했다', '아마 그럴 것 같다'라는 문구를 쓰는 경우가 있다. 하지만 이러한 표현은 전문적인 느낌을 주지 못하고 덜 성숙한 사람으로 보이기 쉽다. 아무리 지원자가 똑똑하고 고스펙이라 할지라도 누가 이런 부정적인 표현을 사용한 지원자와 같이 일하고 싶겠는가? 인사 담당자는 그 지원자를 뽑기 꺼릴 것이다.

자기소개서나 이력서는 항상 인사 담당자의 입장에서 쓰자. 과연 나의 스펙이 적힌 이력서를 보고 인사 담당자가 무엇을 더 궁금해할지 계속 검토해야 한다. 나의 자기소개서와 이력서가 수많은 서류들 중에서 그저 다 같은 서류로만 보일지 안 보일지는 자신에게 달려 있다. 되도록 소제목을 짧고 임팩트 있게 작성하라. 이야기를 쓸 때는 단어 선택에도 주의를 기울이는 것이 좋다. 서류를 제출하기 전에는 자기소개서와 이력서를 다시 점검해 보자. 그리고 자신에게 물어보라.

'내가 인사 담당자라면 나를 채용할 것인가?'

6단계

간단한 영어 자기소개와
입사 포부 준비하기

성공으로 가는 중요한 열쇠 한 가지는 자신감이고
자신감을 얻는 중요한 열쇠는 준비성이다.
– 아서 애시

"해외파네요? 그럼 영어로 자기소개를 해 보시고 자신의 목표를 이야기해 보세요."

"유학을 갔다 왔네요? 그럼 영어 잘하겠다. 영어로 답변해 주세요."

"영어는 확실히 잘하겠네요."

과거 내가 면접을 볼 때마다 면접관들로부터 듣던 소리다. 이상하게도 위와 같은 말을 들을 때마다 부담스럽고 걱정되었다. 머릿속은 '혹시나 내가 기대에 못 미치면 어떻게 하지? 내가 아무리 영어를 잘해도 미국인은 아닌데. 면접관이 실망하지 않게 영어 면접을 매끄럽게 잘해야 할 텐데'라는 생각들로 복잡했다.

영어 면접이 포함되지 않았던 회사에서 면접을 볼 때도 나는 해외 유학을 다녀왔기 때문에 영어로 답변을 해야 했다. 처음에는 생각지도 못한 질문을 받아서 대답을 하다 실수도 했다. 영어를 잘 구사한다 하더라도 아무런 준비 없이 즉흥적으로 대답해야 했기 때문에 당황하기도 했다. 지금도 내가 그 면접장에서 영어로 어떻게 대답했는지 기억이 잘 나지 않는다.

한번은 면접을 보러 갔는데, 이미 개인 면접이 진행되고 있었다. 여러 명의 면접관들이 뿔뿔이 흩어져서 앉아 있었고, 지원자는 순번표대로 배정된 면접관 앞에 앉았다. 내 차례가 되어서 자리에 앉자 맞은편에 여자 면접관이 나의 이력서를 보더니 나에게 말했다.

"뉴욕에서 공부했구나. 영어로 질문할게요."

순간 나는 생각했다.

'내가 준비한 한국말로 연습한 면접은 어떻게 하지?'

마음속으로 아쉬워하는 동안 그녀는 나에게 뭔가를 물어봤고 나는 순간 듣지 못했다. 집중을 못 한 것이다.

"네? 뭐라고 하셨어요? 한 번만 더 말씀해 주시겠어요?"

"What is your goal in this company?"

"아, 네. 영어로 대답하겠습니다."

순간, '내가 왜 대답하겠다는 말을 다시 했지? 그냥 영어로 대답만 하면 될 것을' 하고 생각했다.

이러한 경험을 한 뒤부터 나는 자기소개와 입사 포부를 영어로 항상 준비해서 면접장에 갔고 내 예상은 적중했다. 영어 면접을 가기 전에 말하고자 하는 내용의 영어 문장을 여러 번 반복해서 소리 내어 연습했다. 연습하다 보면 영어 발음이 꼬이거나 억양이 이상할 때도 있었다. 눈으로 보는 것과 실제로 읽으면서 하는 것은 생각보다 많이 달랐다. 내가 작성한 영어 답변을 많이 소리 내어 연습할수록 점점 자연스러워졌다. 그리고 면접장에서도 말이 술술 풀리면서 자신 있게 대답할 수 있었다.

한국어가 모국어인 한국인이 면접장에서 모두 답변을 잘 하는 것은 아닌 것처럼, 영어를 잘하는 사람에게도 영어 면접은 긴장되기 마련이다. 영어를 잘한다고 해서 면접에서 영어 답변을 완벽하게 잘할 수는 없다. 그래서 영어 자기소개와 입사 포부는 기본적으로 준비해서 가는 것이 좋다. 우리말로 진행되는 일반 면접 또한 제대로 준비하지 않는다면 돌발 상황이 닥쳤을 때 전혀 대처할 수 없다.

내 친구 Y는 캐나다로 어학연수를 짧게 다녀왔다. 토익 점수도 괜찮은 수준이었다. Y는 마케팅 직무에 지원했고 영어 면접은 2차에 그룹으로 진행될 예정이었다. 그런데 1차 면접에서 그녀는 다른 지원자들이 있는데도 불구하고 혼자만 영어로 말해 보라는 질문을 받고 당황했다. 2차 때 영어 토론을 할 예정이었으므로 1차 면접은 준비 없이 갔기 때문에 그녀는 실력 발휘를 제대로 하지 못했다. 머릿속으로 말해야 될 문장은 생각이 났는데 입 밖으로 는 몇 문장밖에 나오지 않았다고 했다. 다행히 겨우 1차에 합격했 지만 그녀는 그날 진땀을 흘렸다고 했다.

이런 상황들이 종종 벌어진다. 요즘은 취준생들이 토익 점수가 높다고 하더라도 회화가 취약할 수 있다고 생각해서 면접관이 돌 발적으로 영어를 시킬 수 있으니 미리 대비하는 것이 좋다. 틈새 공격에도 대처할 수 있는 준비가 필요하다.

영어 면접 TIP

1. 꼭 내 손으로 쓰고 말하고 연습하라.

영어 면접 준비는 직접 해야 한다. 자신의 생각을 영문으로 작성하고 수정하는 연습을 하자. 인터넷이나 전화 상담으로 외국인 선생님에게 물어봐도 좋고, 스스로 사전이나 문법을 찾아서 준비해도 좋다. 준비된 영어 문장들을 여러 번 읽고 연습해야 자연스럽게 영어를 구사할 수 있다.

2. 쉬운 단어를 사용하라.

취준생들은 면접관에게 영어를 잘하는 것처럼 보이기 위해서 어려운 단어를 골라 사용한다. 하지만 오히려 내용상 뜻이 맞지 않아서 역효과가 날 수도 있다. 쉽고 확실히 아는 단어만 사용하자.

3. 문장은 간결하게 말하라.

영어 문장을 길게 말하다 보면 듣는 사람도, 말하는 사람도 모두 헷갈리게 된다. 그러면 답변의 핵심 내용을 놓친 채 어떤 내용을 전달하려고 했는지 확실하지 않게 된다. 영어가 모국어가 아닐수록 짧고 간결한 문장을 구사해 듣는 사람에게 의미를 확실하게 전달하자.

4. 실수하더라도 서두르지 말고 한 문장씩 천천히 말하라.

실수하면 당황하게 되고 조급해지는 바람에 말하는 속도가 빨라질 수 있다. 이렇게 서두르면 영어 발음이 더 꼬이게 되어 영어를 못한다는 인상을 줄 수 있다. 긴장할수록 천천히 말하는 연습이 필요하다.

5. 질문을 이해하지 못했을 때는 꼭 다시 질문하라.

면접관마다 영어를 구사하는 방식이 달라서 가끔 못 알아들을 때가 있다. 그럴 경우 다시 한번만 질문해 달라고 정중히 영어로 요청한다. 엉뚱한 대답을 하는 것보다 다시 질문을 해서 정확히 대답하는 것이 좋다.

영어 면접은 외국인이 진행할 때도 있고, 프레젠테이션이나 토론으로 할 때도 있지만 나처럼 일반 면접 때도 갑자기 면접관이 물어볼 때가 있다. 영어 면접이 명시되어 있지 않더라도 면접관이 돌발적으로 물어보기도 한다. 그러니 항상 기본적인 영어 면접 예상 질문을 알고 답변을 준비해 가는 것이 좋다. 항상 영어로 간단한 자기소개와 입사 포부가 세트처럼 술술 나올 수 있도록 연습해 두자. 아무리 영어를 잘하는 사람일지라도 준비된 자를 이길 수는 없다.

장점을 돋보이게 하고, 단점을 장점화하기

자신감이라는 작은 씨앗을 크게 키워라.
– 반기문 전 UN 사무총장

　《장점으로 승부하라》의 저자인 랴오유칭은 "장점이란 당신이 쥐고 있는 패이자 가치이며 재산이다."라고 말했다. 그런데 사람들은 자신의 장점을 발견하지 못하거나 묻어 두는 경우가 많다. 반대로, 잘못된 방법으로 장점을 과하게 드러내거나 잘난 척을 하며 허세를 부릴 때도 있다.

　그렇다면 어떻게 나의 장점을 돋보이게 하고 단점을 장점화할 수 있을까?

　우선 내적인 장점부터 점검하자. 직무에 맞는 성격을 파악하면 자신의 성격과 겹치는 부분이 있다는 것을 알 수 있다. 일치하는 부분을 장점화시키면 그것이 경쟁력이 된다.

수학과를 졸업한 내 친구 B는 취업을 위해서 우선 직무들을 조사했고, 보험회사의 직무별 상세 업무를 파악했다. 그녀는 숫자에 강하고 꼼꼼한 장점을 잘 이용했다. 끈기 있는 성격의 소유자인 그녀는 금융 관련 자격증을 취득한 후 보험회사에 취직해 잘 다니고 있다. 만약 그녀가 자신의 장점을 부각시킬 수 없는 직무를 선택했다면 아마도 지금쯤 이직을 했을지도 모른다.

또한 내적인 단점을 장점화하는 방법도 있다. 자신의 단점을 고치기 위해 노력하고 극복했던 경험을 말하는 것이다. 단점을 극복하면서 지금은 그 단점이 개선되었고 오히려 이제는 장점으로 작용한다는 것을 강조하는 것이 중요하다.

내가 잡페어에서 면접 연습을 진행했을 때 기억에 남는 지원자가 있다. 그 지원자의 단점은 체력이 약하다는 것이었다. 대학교 재학 중에 사고를 당해서 활동에 많은 제한이 있다고 했다. 그는 사고를 당한 후 힘들었던 시간을 이겨냈다. 사고 이후 재활치료를 열심히 했고 운동을 하루도 거르지 않은 덕분에 완치되었다. 지금은 체력도 강해졌고 더 건강해졌다. 그래서 금연과 운동이 그의 신조라고 했다. 그는 아침 일찍 일어나서 운동을 하고 하루의 계획을 세워서 시간을 이용한다고 했다.

일반적으로 자신이 크게 우울하고 힘들었거나 사고를 당했던 경험은 이야기하지 않는 것이 좋다. 하지만 나는 그가 솔직하게 자신의 힘들었던 사고에 대해서 언급했고 육체적인 단점을 장점으로 바꾸기 위해 노력했다는 사실에 높은 점수를 주고 싶었다. 또한 현재의 그는 매우 건강해 보였다.

이렇게 단점을 장점화하라. 면접에서 단점을 물어볼 때마다 지원자들은 판에 박힌 똑같은 대답을 영혼 없이 하는 경우가 대부분이다. 또는 장점을 단점인 것처럼 포장해서 발하곤 한다. 사례로 면접에 들어왔던 지원자들이 연이어서 자신들의 단점을 똑같이 말했을 때는 마치 한 공장에서 나오는 같은 제품을 보는 것 같았다. 자신의 단점을 깊게 생각해 보고 극복했던 방법을 말해 보자. 현재는 그것이 어떻게 장점이 되었는가? 남들과 다른 단점을 말하면서 이야기를 풀어낼 때 면접관은 몰두하게 된다.

이미지메이킹을 통해 외적인 장점을 더 드러내고 단점은 최소화하는 방법도 있다. 이미지메이킹은 머리 스타일, 몸짓, 목소리, 화장 복장 등으로 가능하다. 외적인 장점이 날씬한 체형에 키가 큰 것이라면 있는 그대로의 이미지를 단정하게 보여 주면 된다. 표정을 밝게 하고 바른 자세로 면접에 임하면 면접관들도 더 호감이 간다. 키가 작은 사람은 적당한 굽의 구두를 신어서 다른 지원자들과 비슷하게 보일 수 있다. 몸집이 있는 사람은 검은색 정장으로 날씬해 보이는 효과를 줄 수 있다. 남성 지원자가 키가 크고 마른 체형이라면 정장을 입는 경우 자신의 신체 사이즈보다 큰 옷을 입지 않도록 주의하자. 어두운색보다는 약간 밝은색의 정장으로 연출하면 좋다. 키가 작고 마른 체형 역시 검은색 정장보다는 밝은색의 정장을 입는다. 키가 작고 몸집이 있는 체형은 어두운 색상에 연한 줄무늬가 있는 정장이 좋다. 그리고 머리 스타일을 볼륨감 있게 세워서 키가 커 보이게 하는 것도 좋다.

피부가 좋지 않은 지원자는 화장을 해서 깔끔한 피부를 연출할 수 있다. 요새는 남성 지원자들도 비비크림을 바르거나 자외선 차단제를 바르고 온다. 남성도 약간의 커버력으로 자연스럽고 덜 푸석한 느낌을 주니 보는 사람도 훨씬 깔끔해 보인다. 여성 지원자는 너무 밝은 파운데이션을 바르는 것은 피하는 것이 좋다. 간혹 여성 지원자의 얼굴과 목의 색이 너무 달라서 놀랄 때가 있다. 얼굴은 너무 하얀데 목은 어두운 것이다. 얼굴과 목의 색 차이가 많이 나지 않도록 하자. 또한 여성 지원자의 경우 총기 있는 눈매를 연출하기 위해 검은색의 아이라인을 얇게 그리면 더욱 눈이 또렷해 보인다. 너무 진하게 그리면 인상이 강하게 보일 수 있으니 주의하자.

이렇게 외적인 단점은 생각보다 단시간에 장점화할 수 있는 방법들이 존재한다. 호감 가는 이미지를 면접관에게 쉽게 보일 수 있는 방법이 있는데 굳이 마다할 이유가 있는가? 외적인 장점을 부각시키고 단점을 보완하는 것은 면접을 준비할 때 필수적으로 고려해야 할 요소다. 사람은 누구나 완벽한 존재가 아니므로 부족한 부분을 채우는 작업이 필요하다. 이미지메이킹을 통해서 호감 가는 이미지나 깔끔한 인상을 만들기 위해 노력하자. 단점을 장점화하는 과정에서 전혀 쑥스러워하거나 어색해할 필요가 없다.

다시 한번 말하자면, 내적, 외적인 이미지메이킹이 모두 필요한 시대다. 그러기 위해서는 내적인 장점뿐만 아니라 외적인 장점도 모두 부각시킬 수 있어야 한다. 또한 내적인 단점과 외식인 단점을 장점화할 수 있는 방법을 찾는 것도 취업 성공의 전략이 될 수 있다. 자신의 가치를 높이며 장점과 단점을 잘 이미지메이킹하는 전략을 세우자.

8단계

소개팅에 나가듯
면접 준비하기

좋은 첫인상을 남길 수 있는 기회란 결코 두 번 다시 오지 않는다.
– 디오도어 루빈

문이 열리고 3명의 지원자가 면접을 보기 위해 들어왔다. 왼쪽
부터 나란히 한 명씩 앉았는데, 제일 왼쪽에 앉은 지원자는 패딩
을 입은 채로 들어와서 안에 무엇을 입었는지 보이지 않았다. 중
간의 지원자는 정장을 깔끔하게 입고 왔지만 머리를 제대로 빗지
않은 듯했다. 마지막으로 오른쪽에 앉은 지원자는 검은색의 평상
복 차림이었다. 그들이 문을 열고 들어왔을 때 나는 이력서를 보
느라 그들을 자세히 보지는 않았지만 깔끔한 복장은 아니라는 느
낌이 들었다.

물론 기업 면접은 연예인을 뽑는 자리는 아니다. 예쁜 사람을 뽑거나 잘생긴 사람을 채용하는 것은 더욱 아니다. 그러나 적어도 면접관들의 시각에 깔끔한 이미지로 보여야 하는 것은 중요하다. 단 몇 분 만에 자신의 장점을 보여 줘야 하는 만큼 외적인 이미지도 합격 요소 중 하나이기 때문이다.

당신이 소개팅에 나간다고 가정해 보자. 처음 상대방을 만날 때 '오늘 어떤 사람을 만날까?'라는 설렘이 있을 것이다. 약간은 긴장도 할 것이다. 상대가 누구든 잘 보이고 싶은 마음도 들 것이다. 보통 자신은 상대방을 호감이라고 느끼지 못해도 상대방은 나에게 호감을 느끼기를 바란다. 호감을 주는 이미지로 보이기 위해 거울도 몇 번씩 본다. 이런 상황에서 당신은 복장을 불량하게하고 나갈 리가 없다. 소개팅이 잘 되면 한쪽에서 애프터 신청을 하기도 하고 서로 데이트를 하다가 연인으로 발전하게 된다. 반면 소개팅이 잘되지 않으면 처음 만난 날이 곧 마지막 날이 된다. 더이상 볼일도 없다.

면접도 소개팅과 다를 게 없다. 면접관이 봤을 때 호감 가는 이미지로 깔끔한 인상을 주면 되는 것이다. 그것이 단 몇 분 만에 결정되는 자리이니 이미지가 중요한 것은 두말할 필요도 없다.

충청남도 서천군의 다문화센터에서 외국인을 대상으로 강의를 한 적이 있다. 강의 주제는 '커리어 우먼의 이미지메이킹'으로,

외국인이 한국에 와서 잘 적응할 수 있도록 돕기 위한 강의였다. 수강생들은 한국으로 오기 전, 각자의 나라에서 일한 경력이 있었다. 하지만 한국에서 외국인이 커리어 우먼으로 살아가기란 쉽지 않다. 그들이 제일 알고 싶어 하는 것은 한국 문화의 특징과 한국의 직업이었다. 실습처럼 진행된 면접 이미지메이킹 강의는 정말 반응이 뜨거웠다. 그들은 한국에서 취업하고 싶었기 때문에 면접에 대해서 가장 관심이 많았다.

"한국에서는 면접 때 머리를 어떻게 하면 좋나요? 화장은 어떻게 할까요?"

"호감 가는 이미지로 보이려면 어떻게 하고 가면 될까요?"

"어떤 스타일이 더 커리어 우먼 같이 보일까요?"

"저에게 맞는 스카프 색깔은 뭐죠? 정장 입을 때 좋을 것 같아서요."

"이 구두 색깔은 너무 밝은가요?"

"한국에서 사용해야 하는 존댓말이 어려워요. 누구에게까지만 존댓말을 쓰면 되나요?"

"면접 때 어떻게 입어야 하죠? 이런 블라우스는 괜찮을까요?"

그들은 정말 많은 질문을 했다. 다행히 내가 아는 것에 대해서 영어로 차근차근 설명해 줄 수 있어서 무척 기뻤다. 처음 사람을 만날 때 좋은 인상을 주려고 하듯이 면접 때도 좋은 인상을 주는 것이 정답이다. 나는 내가 예전에 소개팅을 했던 경험을 이야기하면서 면접도 소개팅과 별반 다르지 않았다고 설명했다. 면접에 대한 부담감과 스트레스보다는 소개팅 상황을 대입하면서 철저히 준비하면 합격할 수 있다. 그들은 나의 이야기를 들으면서 많은 부분에 공감했고 웃기도 했다.

면접 이미지메이킹을 위한 TIP

1. 머리 스타일은 이마를 보이게 하는 것이 좋다. 이마를 가리는 것은 자칫 답답한 인상을 줄 수 있다.

2. 여성의 경우 긴 머리는 묶도록 한다. 남성의 경우 부스스한 머리는 삼가도록 한다.

3. 진취적이고 깔끔한 이미지를 유지하라. 튀는 이미지로 개인의 개성을 강하게 나타내는 것은 피해야 한다.

4. 남성은 흰 양말을 피하고 양복이나 구두 색상에 맞춘다. 구두는 검은색이 무난하다.

5. 여성은 커피색 스타킹을 착용하고 구두 앞부분이 뚫려 있지 않아야 한다. 발가락이 보이면 점잖지 않아 보인다. 플랫 슈즈나 굽이 높은 구두는 피하고 최소 3cm 정도의 굽이 있는 구두를 신는다.

6. 다른 지원자가 말할 때도 경청해야 한다. 몸을 움직이거나 시선을 다른 곳에 두지 않는다. 면접관의 눈과 머리, 손은 항상 바쁘게 움직이고 있다는 것을 명심하자.

7. 면접관과 시선을 맞추는 것은 필수다.

8. 진한 화장은 피하는 것이 좋다. 면접 당일, 전문 숍에서 화장을 받고 오는 지원자들이 있는데 간혹 너무 과할 때가 있다. 평소에 직접 화장을 해 보는 습관을 갖고 자신에게 맞는 화장법도 미리 알아 두자.

9. 과한 액세서리나 지나치게 화려한 옷은 피한다.

10. 어떤 옷을 입어야 할지 모를 경우에는 정장을 착용한다.

11. 불량한 면접 복장은 금물! 노출이 심한 옷차림과 운동화는 어떠한 경우에도 절대 안 된다.

12. 여성은 손톱을 깔끔하게 다듬고 색깔 있는 매니큐어를 바르거나 네일 아트를 하지않는다.

13. 남성은 차분한 넥타이를 매고, 큐빅이 박히거나 검은색의 넥타이는 피한다.

연예인이나 모델을 뽑는 회사가 아니라면 어느 기업이든 최소한의 예의를 갖춘 복장을 착용해서 깔끔하게 보이는 것이 좋다.

앞서 말한 소개팅을 다시 생각해 보자. 소개팅에서 상대방이 마음에 들면 질문을 하게 될 것이다. 이 사람이 무엇을 좋아하는지, 이 사람은 어떤 사람인지 더 알고 싶어진다. 소개팅에서 마음에 드는 사람에게 더 잘 보이고 싶듯이, 당신이 원하는 회사에 입사하고 싶다면 많은 관심이 있다는 것을 보여 주는 것이 좋다. 면접관이 마지막으로 하고 싶은 말이 있냐고 물을 때가 있다. 그러면 지원자는 하고 싶은 말이 있다고 꼭 대답하고 한 번 더 자신을 짧게 홍보하라. 이 기회를 잡지 않는 사람들이 많다.

"마지막으로 하고 싶은 말이 있습니까?"
"없습니다."

참 안타깝다. 면접관에게 질문하고 싶은 것을 미리 준비하자. 지원자의 이런 적극적인 태도는 면접관에게 좋은 이미지를 남긴다. 대신 질문할 때는 미리 신중히 생각하고 하자.

소개팅에 나가듯 면접을 준비하면 어떻게 해야 하는지 잘 알 수 있다. 우리는 소개팅에 나갈 때 상대방에게 잘 보이려고 거울도 보고 전체적인 매무새를 점검한다. 즉 어떻게 하면 호감을 줄 수 있는지, 깔끔한 이미지를 줄 수 있는지 신경 쓰기 때문이다. 면접 이미지메이킹도 간단하다. 중요한 것은 호감 가는 이미지와 깔끔함이다. 외모의 우월을 따지는 것이 아니다.

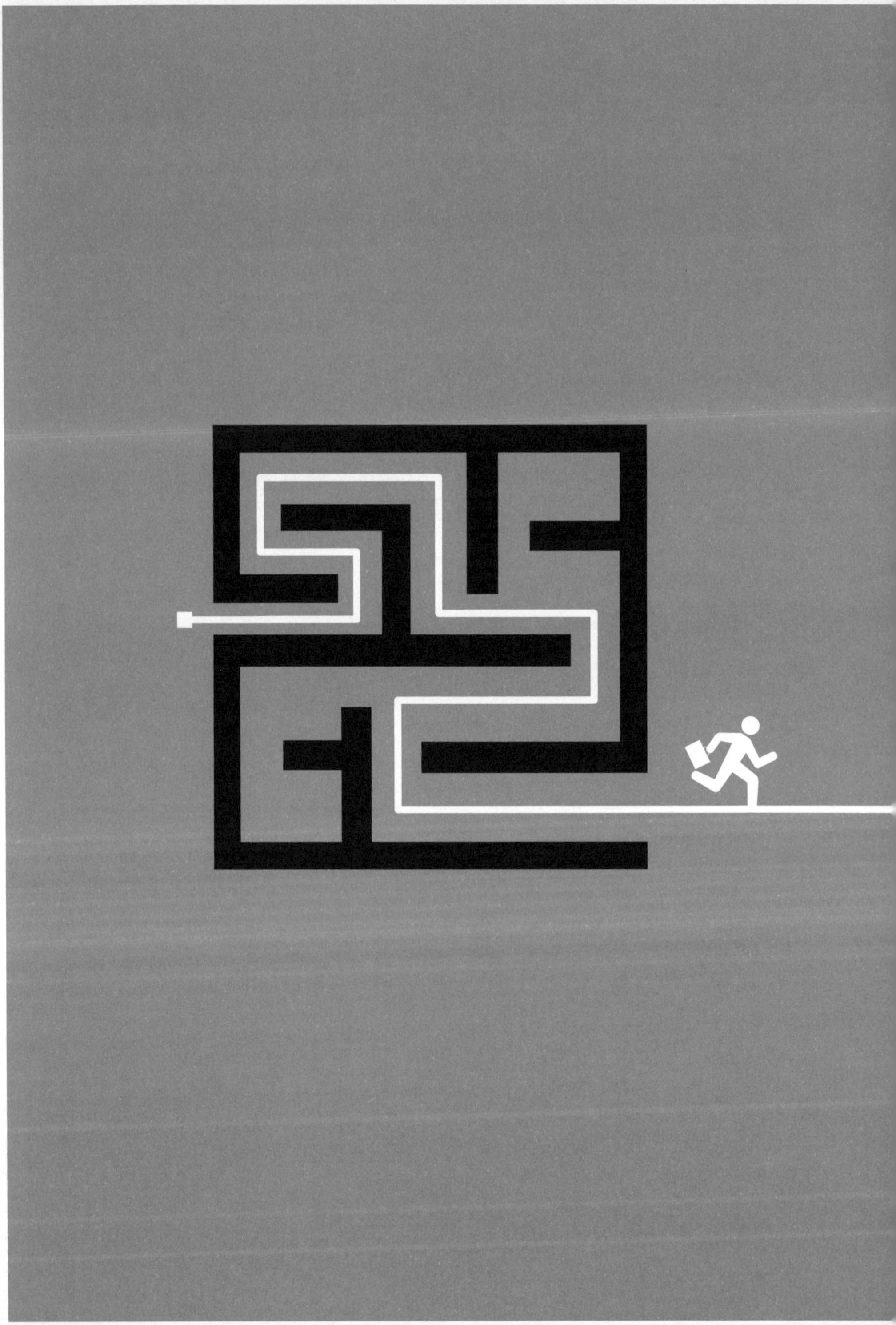

CHAPTER 4

취업 성공
시크릿 노트

취업은
확률 싸움이다

실패로부터 성공을 이끌어 내라.
좌절과 실패는 성공에 이르는 가장 확실한 디딤돌이다.
– 데일 카네기

모든 일은 연습이 90%다. 취업 준비도 많이 연습할수록 합격할 확률이 높아진다. 모든 습관이 노력에 의해 굳어지듯이 연습을 하면 할수록 자신감이 생기고 목표한 바를 실수 없이 이룰 수 있다. 또한 연습을 하면 어려웠던 일도 쉬워지기 마련이다. 처음 취업 준비를 할 때 힘들고 익숙하지 않았던 것들이 연습을 하면서 익숙해져 가는 과정을 경험하며 취업의 문턱에 다가가는 것이다.

무슨 일을 하든 연습은 성공의 열쇠가 된다. 전 피겨 스케이팅 선수 김연아는 2010년 밴쿠버 동계올림픽에서 신기록을 세웠다.

올림픽은 최고의 선수들도 1등을 하기 힘든 자리인데 그녀는 달랐다. 인터뷰에서 경기를 위한 연습을 충실히 했고 연습대로 했더니 좋은 점수를 얻을 수 있었으며 응원해 주신 분들께 보답할 수 있어서 좋다고 말했다. 시합을 준비하는 동안 그녀는 실수도 하고 스트레스도 받았을 것이다. 실수를 줄이기 위해 연습을 무한 반복하며 자신과의 싸움에서 이겨 나갔을 것이다. 고통스러운 순간도 있었고 좌절도 했을 것이다. 하지만 그녀는 포기하지 않았다. 많은 연습량으로 모든 것을 극복하고 마침내 신기록을 세울 수 있었다. 천재도 연습 없이는 기량을 마음껏 발휘할 수 없기 때문에 그만큼 연습은 중요하다. 연습과 실수를 통해 얻은 교훈은 보다 나은 김연아의 모습을 만들어 냈고 결국 성공의 문턱에 가까워질 수 있었다.

아무리 뛰어난 인재라고 할지라도 서류와 면접에서 자신을 잘 표현할 수 있는 연습이 필요하다. 자신에 대해서 홍보할 때는 무작정 말하기보다 연습을 통해 다듬어진 답변으로 조리 있게 잘 대답하는 것이 좋다. 연습하지 않고 말을 하게 되면 두서없이 이야기하게 된다. 듣는 사람 입장에서는 같은 문장이라도 실수하지 않고 조리 있게 잘 구사하는 사람이 매력적인 지원자다. 면접 당일, 인사 담당자 앞에서 잘하는 것이 합격의 길이다. 그 순간을 위해 반복하며 연습하자.

면접을 준비할 당시, 나는 친한 친구 앞에서 연습을 했다. 친구에게 면접 질문들을 대신 물어봐 달라고 부탁하고 답변을 하는데 정말 어색했다. 친한 친구 앞이었는데도 긴장이 많이 되었다.

　"자기소개를 간단히 해 보세요."

　"저는… 아, 갑자기 생각이 나질 않네. 네 앞이라서 그런지 더 떨리는 것 같아."

　"친구 앞에서 왜 떨어. 다시 해 봐."

　"갑자기 말하려던 게 생각이 안 난다."

　"천천히 마음을 가다듬고 다시 해 봐."

　"그럼 자기소개 말고 다른 질문을 해 봐."

　"이 회사에 지원한 동기가 무엇입니까?"

　나는 답변을 하다가 순간 말문이 막혔다. 친구 앞이라서 어색했는지, 긴장해서 그랬는지 외웠던 답변들이 갑자기 생각이 나지 않았다. 머릿속이 하얗게 변했다. 혼자 작성한 문장들을 대충 훑어보며 자신 있게 대답할 수 있다고 믿었던 것이 잘못된 생각이었다. 면접을 대충 준비해 가면 더 긴장이 돼서 실수를 하게 되기 때문이다.

　당시 나는 미국에서 인턴으로 일하고 싶어 몇 군데에 서류를 넣고 면접을 기다리는 상태였다. 제일 처음 면접을 갔던 곳에서 나는 연습의 중요성을 크게 느꼈다. 면접이 처음이었던 탓에 굉장히 떨렸고 긴장도 많이 했다. 면접 분위기는 엄숙했다. 면접관이 나에게 몇 가지 질문을 했는데, 너무 긴장한 나머지 말을 더듬고 말았다. 분명히 준비해 간 답변이 있었는데 머릿속으로는 기억하고 있어도 대답을 흡족하게 하지 못했다. 나중에 면접이 끝나고 사무실을 나와서야 내가 준비했던 내용들이 생각나면서 후회가 되었다.

면접의 필수 질문들과 답변을 그냥 눈으로만 읽고 면접장에 간 것이 실패의 원인이었다. 긴장된 분위기 속에서 답변은 머릿속으로만 맴돌 뿐 입 밖으로 술술 말이 나오지 않았던 것이다. 인턴 채용이라고 해서 쉽게 생각한 것이 실수였다. 자신이 아무리 능력이 뛰어나고 업무를 잘할 수 있는 인재라고 해도 면접관에게 그것을 인식시키지 못하면 소용이 없다. 아무리 천재라도 제대로 공부하지 않으면 천재성을 발휘할 수 없듯이 연습은 모든 일에 있어서 중요하다. 인턴이든, 신입 사원이든, 경력 사원이든 면접은 다 똑같은 무게로 작용한다는 것을 잊지 말자.

면접은 기계처럼 외운 것을 달달 말하는 게 아니라 자연스럽게 말하는 것이 중요하다. 거울 앞에서도 계속 연습하고 가족들 앞에서도 말하는 연습을 많이 해야 한다. 스페인의 골프 전설 세베 바예스테로스는 "나는 긴장을 풀기 위해 연습을 한다. 많이 연습하면 연습한 내용이 곧 내 것이 된다."라고 말했다. 반복된 연습은 자신감으로 이어지고 자신감은 실수할 확률을 낮춘다. 그러므로 생각한 바를 내 것처럼 말할 수 있도록 연습해서 진정 내 것으로 만들어야 한다. 면접장이 결코 쉬운 장소는 아닌 만큼 긴장하거나 당황하면 머릿속이 하얘질 수 있다. 하지만 연습이 그것을 이겨낼 힘을 줄 것이다. 그러면 면접에서 후회할 일은 생기지 않을 것이다.

최선을 다하는 자만이 최고의 결과를 가져올 수 있다. 그만큼 연습의 중요성은 크다. 아무리 능력이 뛰어나다 한들 연습 없이는 능력을 온전하게 발휘할 수 없다. 그러므로 취업에서도 연습의 중요성을 잊지 말자. 긴장되고 떨리는 면접 장소에서 연습은 나를 도와줄 수 있는 유일한 친구다. 내가 경험했듯이 연습 없이 치렀던 면접은 엄숙하고 차갑기 그지없었다. 만약 연습을 해서 덜 긴장하고 자신감이 있었다면 면접 장소에서 내가 느끼는 기분이 달랐을 것이다. 내가 이렇게 느낀 것을 면접관도 똑같이 느끼리라 생각한다.

우선 혼자서 계속 말하는 연습을 하자. 그리고 어색하고 쑥스러워도 친구나 가족 앞에서 연습하라. 연습을 많이 하면 할수록 취업의 성공률도 틀림없이 높아질 것이다.

취업 노하우는
정보력에 있다

아는 것이 힘이다.
– 프랜시스 베이컨

가만히 있으면 아무 일도 일어나지 않는다. 실행이 중요하다. 실행은 성공을 이끌어 낸다. 취업 성공을 위해서도 적극적으로 정보를 수집하고 실행하는 태도가 필요하다. 손품과 발품을 팔지 않고 원하는 회사에 단번에 취직을 하는 경우는 드물다.

2016년 11월 통계청 자료에 의하면 청년 실업률은 8.2%로 2003년 이후 13년 만에 역대 최고조에 이르렀다. 제조업 부진 등으로 취업 시장이 얼어붙으면서 20대 고용률도 9개월 만에 감소했다. 이는 2016년 11월 기준으로 볼 때, 카드 대란 여파로 경제가 크게 위축됐던 2003년 이후 가장 높은 수치다. 이런 현실 속에서 성공적인 취업을 하기 위해서는 정보 수집과 행동력이 더욱 중요하다.

우선 취업 포털 사이트인 잡코리아, 인크루트, 사람인 등에 매일 접속하자. 기업들은 수시로 채용 공고를 올리고 있다. 예를 들어, A라는 기업에 지원자들이 취직을 원한다고 가정해 보자. A 회사는 공개 채용을 하고도 중간에 수시 채용을 진행했다. 이 사실을 아는 지원자는 공고를 항상 확인한 사람이다. 그 사람은 바로 서류 제출은 할 수 있고 여기에 면접의 기회까지 주어진다면 이미 다른 경쟁자보다 한 번의 기회를 더 얻게 되는 것이다. 그리고 취업 포털 사이트의 자료실에서 볼 수 있는 기업 분석보고서와 사람들의 기업별 후기도 도움이 된다.

많은 기업의 인사 담당자가 취업 포털에 채용 공고를 게시한다. 채용 마감일도 상세하게 나와 있다. 실제 지금 내가 재직 중인 회사의 인사팀에서도 취업 포털 사이트의 채용 공고를 이용했다. 채용 공고를 올리면 지원하는 사람들의 이력서들을 한눈에 볼 수 있어 편리하다.

지원자는 자신의 이력서를 꼼꼼하게 검토한 후 등록해야 한다. 그리고 반드시 공개로 설정해 놓고 채용자가 볼 수 있도록 해야 한다. 여기서 주의할 점은 수정되지 않거나 완성되지 않은 이력서는 올리지 않는 것이다. 이력서에 빈칸을 남겨 둬서도 안 된다. 인사 담당자들이 이력서를 보면서 허술한 이력서는 그냥 넘어가기 때문이다. 이력서도 제대로 못 쓰는 지원자가 회사 업무를 제대로 할 수 있겠느냐는 것이다.

또한 이력서 사진은 형식을 갖춘 것이 좋다. 가끔 지원자들의 사진을 보다 보면 평소 입는 옷차림으로 찍은 사진이나 고개를 한쪽으로 틀어서 셀프 카메라로 찍은 사진을 올리는 것도 본 적이 있다.

취업 박람회 및 채용 박람회에서도 기업들에 대한 정보를 얻을 수 있다. 박람회장에서 현재 직원을 채용 중인 기업에 방문해 질문도 하고 직접 면접도 볼 수 있다. 면접을 본 회사에 바로 취직하지는 못하더라도 기업의 인사 담당자가 직접 나와서 면접을 진행하기 때문에 지원자에게 좋은 경험이 될 수 있다. 내가 재직 중인 회사도 채용 박람회에서 사람을 채용했던 적이 있다. 준비된 지원자는 모든 서류를 갖고 다니며 자신을 홍보한다. 면접에 적합한 복장으로 인사 담당자의 질문에 답변도 조리 있게 해서 많은 기업들의 연락을 받는 경우도 있었다.

한번은 채용박람회에서 기억에 남는 두 지원자를 만난 적이 있다. 한 여학생이 머리를 뒤로 묶고 정장을 입은 채로 분주하게 돌아다니고 있었다. 한 손에는 검은색 서류 가방을 들고, 다른 한 손에는 여러 장의 종이를 넣은 파일을 들고 있었다. 아마도 이력서와 자기소개서인 것 같았다. 이 학생은 다른 회사의 부스에서 이동해 우리 회사 부스에 줄을 섰다. 바로 옆 부스에서 면접도 본 듯했다. 자신의 차례가 되자 상담석에 앉은 그녀는 파일에서 이력서와 자기소개서를 꺼내서 제출했다. 이렇게 여유분의 이력서와 자기소개서를 준비해서 깔끔한 복장으로 채용 박람회에 참석하니 정말 준비된 지원자처럼 보였다. 일하고 싶어 하는 자세와 열정이 있다고 생각되니 그 모습이 좋아 보였다. 그녀는 이미 이 한 장소에서 많은 정보를 수집했고 면접을 보는 기회까지 얻은 것이다.

그녀의 차례가 끝나고 몇 명의 지원자들이 있었지만, 눈에 띄는 사람은 없었다. 그러던 중에 한 남학생이 우리 부스의 벽에 게시된 회사 설명을 오래도록 읽고 있는 것을 보게 되었다. 자신의 차례가 되자 그는 회사 정보를 읽던 것을 멈추고 자리에 앉았다. 그는 먼저 자기소개를 한 뒤 질문을 하기 시작했다.

"회사 연혁이 꽤 긴데 매출액은 어느 정도 되나요?"
"기술연구소에서 연구에 대한 지원은 얼마나 해 주나요?"

그는 회사 연혁과 기술연구소 및 제품들에 대해 질문을 했다. 신입 사원 지원자의 질문치고는 꽤 수준이 있었다. 그는 회사 부스에 오기 전부터 회사에 대한 정보를 수집하고 공부한 것 같았다. 여기서 눈여겨봐야 할 것은 그의 정보력이었다. 제품들에 대한 질문들을 하려면 기본적으로 많이 알아야 하는데 그는 이미 정보가 많았다. 아는 것 없이는 질문을 제대로 할 수 없기 때문이다. 영국의 철학자이자 행정가였던 프랜시스 베이컨은 "아는 것이 힘이다."라고 말했다. 많이 알면 알수록 자신감이 생기고 면접관에게 질문도 할 수 있다. 면접관이 지원자를 인터뷰하듯이 지원자도 면접관을 인터뷰할 정도로 정보력을 습득해야 한다.

취업은 정보력 싸움이라고 해도 과언이 아니다. 손품과 발품을 팔아 정보를 가능한 한 많이 수집해야 유리하다. 정보력이 있으면 그만큼 빨리 실행할 수 있기 때문에 취업 경쟁에서 남보다 조금이라도 앞서 나갈 수 있다. 또한 지원하는 회사에 대해서는 최대한 많이 조사하고 가라. 많이 아는 만큼 자신감 있게 행동할 수 있다는 것을 잊지 말자.

지원하는 기업을
공부하라

지식은 우리가 하늘로 비상하는 날개이다.
– 윌리엄 셰익스피어

지인 중에 친한 언니가 있다. 언니는 과거 한국에서 프랑스계 회사의 인턴으로 일했으며, 한국에서도 화장품 회사에 한 번에 취업했다. 인턴뿐만 아니라 좋아하던 분야로의 취직에도 성공한 것이다. 개인 프레젠테이션과 임원 면접까지 모두 통과했기에 당시 구직 중이던 나는 언니에게 궁금한 것들을 물어봤다.

"언니! 취업할 때 어떻게 공부했어? 면접 보기 전엔 뭘 준비하면 돼?"
"난 거의 스토커처럼 회사 홈페이지를 들락날락하고 중요한 정보는 그냥 외웠어. 혹시 면접에서 질문하면 잘 말할 수 있을 것 같아서. 자기소개서에는 기업 인재상에 나오는 키워드도 적었는데 내 경험이랑 연관 지어서 썼어. 관련 내용들도 인터넷에서 기사를 검색했어. 내가 이렇게 노력한 것처럼 공부를 열심히 했으면 사법고시도 붙었을 정도야."

언니는 이렇게 말하며 피식 웃었다. 인턴으로 일했던 곳도, 취업을 한 곳도 정말 가고 싶었던 회사였는데 다행히 합격했다고 했다. 정말 원하는 곳에 취업해서 그런지 언니의 표정은 밝고 여유가 넘쳤다. 나는 언니가 지원한 A 회사의 인재상을 찾아보았다. A 회사의 홈페이지에 나와 있는 인재상은 다음과 같았다.

【공감】
아름다워지고자 하는 고객의 마음을 함께 느끼며 성장하고자 하는 동료의 마음을 지지한다.

【몰입】
공감이 있기에 자신의 일을 사랑하게 되며 깊이 집중하게 되므로 일하는 것 자체로 기쁨을 느낀다.

【전문성】
고객의 바람과 요구를 이해하고, 이를 충족시키기 위한 방법을 찾고 만들어 가는 데 최고가 된다.

이처럼 회사의 인재상을 자신의 경험과 연관 지어 설명할 수 있다. 자신의 목표나 성격이 회사의 인재상에 얼마나 부합되는지 등 자신만의 스토리를 키워드를 사용해 자기소개서를 작성하자. 또한 지원하는 회사의 정보를 수집해서 꼼꼼하게 공부하는 것도 큰 경쟁력이 된다.

면접을 볼 때는 지원하려는 회사의 인재상을 숙지하고 회사에서 많이 사용하는 단어를 계속 사용하라. 그리고 긴 문장보다는 짧고 간결한 문장을 사용해야 한다. 그래야 면접관의 귀에 쏙쏙 들어온다.

예를 들어 보성그룹에 지원한다고 가정하자. 이 회사의 홈페이지에 들어가면 다음과 같은 회사 소개 글을 볼 수 있다.

"성장의 가장 큰 원천은 인재(人材)입니다. 보성은 인재 중심 경영으로 회사 구성원의 삶의 질 향상을 최우선 가치로 두고 있으며 이는 궁극적으로 사회에 기여하고 인류에 공헌하는 나눔의 신념이 되어 다양한 사회공헌 활동과 문화예술 지원 사업으로 이어지고 있습니다."

이 문구에서 기업 이념이 인재 중심이라는 것을 알 수 있다. 그러므로 스펙뿐만 아니라 다양한 사회 경험을 자기소개서에 어필하는 것도 좋다. 보성그룹의 인재상은 인화, 기술, 복지다. 이 키워드로 자기소개서에 자신의 경험과 연관 지어 문구를 만들어 보자. 최근 보도된 보성그룹 관련 자료에는 대청댐 광역상수도사업 3·4공구 수주와 2015년 한국건축문화대상 본상 수상 등이 나와 있다. 회사의 좋은 뉴스를 기억해서 면접 때 언급하면 좋다.

지원하는 회사의 정보를 수집하는 방법

1. 회사 홈페이지를 분석한다. 회사의 연혁, 서비스, 제품, 인재상 등을 꼼꼼하게 분석해서 정보를 수집한다.

2. 경제 신문이나 인터넷에서 기업과 관련된 내용들을 검색해 최근 이슈들을 꼭 읽어 본다.

3. 금융감독원 전자공시시스템(dart.fss.or.kr)에서 회사 매출, 실적, 영업이익 등을 살펴 본다. 얻는다. 재무상태표도 볼 수 있다. 특히 경제학이나 회계학 전공자는 꼭 찾아보는 것이 좋다.

지원하는 기업의 정보를 공부하는 것은 서류 전형과 면접에서 모두 유리하다. 자기소개서에 지원하려는 회사가 강조하는 키워드와 인재상을 이용하는 것이 좋다. 기업의 인재상, 역사, 최근 이슈 등을 알고 말할 때와 모르고 말할 때는 전혀 다르다. 취업의 관문으로 한 발자국 더 다가가기 위해서는 정말 가고 싶은 회사의 정보를 철저하게 분석하는 습관이 필요하다. 면접관에게 기업의 정보를 많이 조사하고 기억하고 있는 모습을 보여 준다면 기업도 그 지원자를 기억할 수밖에 없다.

스펙이 아닌
스토리로 취업하라

경험을 현명하게 사용한다면,
어떤 일도 시간 낭비는 아니다.
– 오귀스트 로댕

　요즘 취준생들은 취업을 위해서 끊임없이 스펙을 쌓는다. 각
종 자격증 취득부터 토익 고득점 획득까지 열심히 공부하며 취업
을 준비한다. 그러나 과연 스펙을 많이 쌓았다고 해서 취업이 잘
될까? 일반적으로 사람들은 '고스펙 고학력'을 갖춘 사람이 취직
이 잘될 것이라고 생각한다. 하지만 이것은 잘못된 생각이다. 오히
려 나는 인사 담당자들이 이러한 고스펙 고학력자들을 꺼리는 경
우를 종종 봤다. 다음과 같은 이유로 말이다.

"고스펙 고학력자는 그만둘 확률이 높다."

"업무를 시킬 때 부담스럽다."

"조직에 얼마나 잘 적응할 수 있을지 모르겠다."

"연봉의 기대치가 높을 것이다."

"조직에 융화되어 팀 프로젝트를 잘할 수 있을까?"

"이직을 금방 할 수도 있다."

시류 전형에서는 이미 어느 정도의 스펙이 걸러지게 마련이다. 그런데 스펙이 아주 좋은데도 서류 전형에서 불합격되는 경우가 있다. 요즘 서류 전형에서 합격 트렌드는 무엇일까? 바로 '스토리텔링'이다. 자신만의 경험을 스토리로 풀어내어 진정성 있게 표현하면 수많은 지원자를 접하는 인사 담당자에게 강한 인상을 남길 수 있고 인성도 보여 줄 수 있다.

면접을 볼 때도 인터넷에 돌아다니는 모범 답변은 효과가 없다. 이미 많은 구직자들이 사용하기 때문이다. 따라서 식상한 답변으로는 절대 채용자의 눈에 띌 수 없다.

면접 때 지원자에게 이런 질문을 한 적이 있다.

"지원자의 가족이 어떠한 어려운 상황에 처해 있어서 급히 퇴근을 해야 합니다. 그런데 갑자기 야근을 해야 하는 상황이 생겼어요. 이럴 때 어떻게 하겠습니까?"

매번 물어볼 때마다 지원자들의 대답은 한결같았다.

"네. 야근 가능합니다."
"무조건 야근하겠습니다."

무슨 군대도 아니고 무조건 하겠다는 대답이었다. 그야말로
단답형에 스토리텔링도 전혀 없었다. 놀라운 것은 모두 위와 같은
대답을 했다는 것이다. 이러한 답변들에 나는 매우 실망했다. '야
근을 꼭 하겠다'라는 말 자체를 듣기 위해서 물어본 질문이 아니
었기 때문이다.

미국의 교육 심리학자 제롬 브루너에 따르면 사람들은 사실
그 자체를 들을 때보다 스토리의 일부로 들을 때 20배 이상 더
잘 기억한다고 한다. 스토리를 통해 배운 것은 사실을 나열하거나
배운 것보다 훨씬 더 정확하고 기억에 오래 남는다. 작가이자 기업
스토리텔링 전문가인 데이비드 허친스는 스토리텔링이 사람들을
무장 해제시킨다고 말한다. 즉, 스토리가 시작되면 사람들은 펜을
내려놓고 열린 자세로 듣게 된다는 것이다. 면접에서도 마찬가지
다. 면접관은 같은 답변을 계속 들어서 피곤한 상태다. 이때 스토
리를 듣기 시작하면 자연히 몰입하게 된다.

자신의 스토리를 좋은 키워드와 연관 지어 설명하는 것이 좋

다. 채용자들이 좋아할 만한 키워드로는 로열티, 인성, 서포팅 능력, 관리 능력 등이 있다. 스토리를 이야기하면서 튀는 개성이나 성격을 강조하기보다 기업에 잘 융화되어 업무를 해 나갈 수 있는 사람이라는 것을 알리는 것이 좋다.

한번은 2명의 지원자가 면접을 보기 위해 회의실로 들어왔다. 한 명은 이전 직장에서 3개월 정도 일했던 고스펙의 자신감이 넘쳐 보이는 지원자였고, 다른 한 명은 무난한 스펙에 첫인상이 좋아 보이는 지원자였다. 고스펙의 지원자는 답변을 하는 데 있어서 과장되거나 부정적인 단어들을 많이 사용했다. 또한 잠시 일했던 회사에 대해서도 길게 설명했다.

"저는 일을 할 때 질질 끄는 것이 귀찮아서 빨리 끝내는 편입니다."

"상사와 트러블이 좀 생겨서 이전 직장을 그만두게 되었습니다. 그리고…"

반면 보통의 스펙에 인상이 좋은 지원자는 이렇게 말했다.

"저는 대학교에서 동아리 활동과 야구를 하느라고 학점을 잘 받지 못했습니다. 하지만 동아리 활동이나 야구를 할 때 사람들과의 관계가 깊어져서 오래가는 편입니다. 회사에 입사하면 계속 사람들과 협업하면서 오래 다닐 생각입니다."

이 지원자는 동아리 활동을 하며 벌인 이벤트들과 야구팀을 만들면서 생긴 에피소드들을 짧고 임팩트 있게 이야기했다. 나도 모르게 빠져들어 듣고 있었다. 그는 긍정적인 단어들을 많이 사용했다. 사람들과의 관계를 좋아해서 같이 활동을 했고, 협업이라는 단어를 통해서 업무를 함께 효율적으로 잘할 수 있겠다는 이미지를 심어 주었다. 첫 번째 지원자보다 조직에 더 잘 적응할 수 있을 것 같았다. 또한 팀으로 사람들과 같이 일하면서 융화되기도 쉬워 보였다. 무난하지만 무난하지 않은 인재였다. 회사에서는 능력이 출중하다고 혼자 튀려 하거나 조직보다는 개인을 중요시하는 사람은 선호하지 않는다.

결국 많은 상황과 지원자들로 미루어 봤을 때 스펙 대신 스토리로 취업 준비를 해야 한다는 것을 또다시 느낀다. 취업난에 스펙 좋은 사람들이 넘쳐나는 상황에서 경쟁력을 가지기 위해서는 자신만의 스토리로 면접관을 몰입시켜야 한다. 또한 긍정적인 키워드로 면접관에게 자신의 인성을 어필하는 것이 감정적인 키워드를 사용하는 것보다 플러스 요인이 된다는 것을 기억하자.

차별화된 자기 홍보가
취업의 지름길이다

너 자신을 최대로 활용하라.
그것이 주어진 전부이기 때문이다.
– 에머슨

"당신은 얼마나 자신을 상품화할 수 있습니까?"

"당신은 취업하기 위해서 어떻게 자신을 홍보하겠습니까?"

세상의 모든 것들이 홍보를 통해 사고팔린다. 아무리 좋은 제품을 만들었어도 그것을 제대로 홍보할 수 없다면 무용지물이 되는 세상이다. 홍보를 제대로 해야 제품의 가치가 생기고 구매욕도 생긴다. 취업도 마찬가지다. 지원자는 자신을 상품화하고 홍보해야 한다. 아무리 자신이 뛰어난 인재고 가치 있는 사람이라고 할지라도 홍보를 제대로 하지 못하면 기회를 잡지 못한다. 자신을 홍보해야 면접관이 당신을 채용할 의욕도 생긴다. 자신의 이야기를 진솔하게 제대로 홍보해서 면접관의 마음을 사로잡아야 취업에 성공할 수 있다.

애플의 창업자 스티브 잡스는 "목청 높여 스스로를 홍보해야 하는 시대에 나의 가치를 존중받지 못하는 것만큼 서러운 것도 없다."라고 말했다. 홍보가 중요시되는 이 시대에 자신을 표현하는 것은 필수적이다. 다만 잘난 척을 하거나 너무 허세를 부리는 것과 홍보는 구별해야 한다.

카마인 갈로의 《스티브 잡스 프레젠테이션의 비밀》은 애플 CEO를 세계에서 가장 뛰어난 커뮤니케이터로 만든 기술을 소개한다. 이 책은 잡스가 청중을 사로잡았던 비결과 서비스, 제품, 아이디어를 팔기 위해 어떻게 홍보를 했는지 알려 준다. 바로 모든 청중이 품고 있는 하나의 질문, '도대체 내가 왜 이 프레젠테이션에 관심을 가져야 하지?'에 대해서 답하는 것이다. 잡스는 이 질문에 가장 먼저 답하도록 프레젠테이션을 구성했다. 청중은 열정 없는 메시지나 제품, 프레젠테이션에 결코 감동하지 않는다. 그리고 이러한 열정은 돈이나 명성에서 나오는 것이 아니다. '더 나은 미래를 만들고 그 비전을 사람들과 공유하겠다'라는 선구자적 꿈에서 나온다. 잡스는 꿈과 비전, 미래에 대한 혜택을 팔려고 했고 사람들은 그의 이러한 열정에 결국 마음이 움직인 것이다.

마찬가지로 지원자는 면접관에게 '도대체 내가 왜 이 지원자에게 관심을 가져야 하지?', '내가 이 사람을 왜 뽑아야 하지?'에 대해서 답할 수 있어야 한다. 자신의 비결, 아이디어, 열정을 표현하고 자신을 상품화해야 한다. 면접관을 자신의 이야기에 몰두시키고 사로잡을 수 있다면 이미 합격은 따 놓은 당상이다.

이미 서류에 나와 있는 이력보다 인성을 보여 주는 것도 채용자에게 좋은 인상을 줄 수 있다. 그렇게 함으로써 자신의 가치를 백 퍼센트 홍보할 수 있는 전략을 세우면 좋다. 면접관이 '이 사람을 채용해야겠다'라는 생각이 들도록 만들자. 어차피 경력 사원이 아닌 이상 신입 사원은 면접에서 능력을 평가받는 비중이 크지 않다. '이 지원자는 어떤 사람인가?', '지원자의 인성은 어떠한가?', '조직에 잘 어울릴 수 있는 사람인가?', '협업을 잘할 수 있는 사람인가?' 등의 질문으로 면접관들은 지원자의 인성을 많이 보는 경향이 있다. 신입 사원에게 업무적이거나 전문적인 지식을 많이 질문하기보다는 지원자 자신에 대해서 많이 물어보는 이유가 바로 여기에 있다.

회사에서 일하다 보면 특히 신입 사원일 경우, 뛰어난 능력보다는 올곧은 인성이 중요하다. 입사 후 회사에서 업무를 진행하는 데는 많은 변수가 작용한다. 환경적 요소뿐만 아니라 인간관계에서도 충돌이 생길 때가 있다. 또한 업무를 하는 도중에 예상치 못 했던 일들이 발생하기도 한다. 아직 업무나 조직에 익숙하지 않기 때문이다. 이럴 때 훌륭한 인성을 가진 사람들은 긍정적으로 업무를 진행하며 끈기 있게 수행할 확률이 높다. 그들은 조직 내에서 여러 사람과 같이 업무를 하면서 어떤 문제가 발생했을 때 그것을 좋은 방향으로 해결해 나간다. 결국 업무는 사람과 사람 간에 하는 일이기 때문에 무조건 자신의 의견만 맞다고 주장하거나 공격적으로 행동하는 것은 피해야 한다.

반대로 조직 내에서 조금 마음에 안 든다고 업무를 할 때 불평불만을 많이 하거나 다른 사람들의 의견을 전혀 듣지 않는 경우도 있다. 그리고 동료나 상사와의 관계에서 부정적인 사람들도 있다. 입사 후의 신입 사원은 백지상태나 마찬가지다. 그런데 이렇게 업무를 배우는 도중에 자신만의 의견만 내세우거나 다른 사람과의 관계가 원만하지 못하면 업무를 잘 진행할 수 없다. 또한 자신도 괴롭다. 그래서 면접관이 중요하게 생각하는 것이 바로 지원자의 인성이다. 어차피 다 비슷한 출발선에 서 있는 신입 사원이라면 좋은 인성을 갖춘 지원자를 채용하는 편이 회사 입장에서 이익이 되기 때문이다.

인사팀에서 수시 채용을 통해 뽑은 신입 사원이 있었다. 그는 업무를 하면서 사소한 문제가 생겨도 그것을 해결할 방법을 찾기보다는 불만이 가득한 목소리로 혼자 계속 중얼거렸다. 우연히 옆에서 근무하던 나는 처음에는 대수롭지 않게 생각했지만, 그의 행동은 날로 더 심해졌다. 상사가 지시한 업무도 대충 하는 듯이 보였고 몇 개월 만에 서로 트러블도 생겼다. 게다가 입사한 지 얼마 되지도 않았는데 회사에 대한 안 좋은 이야기를 퍼뜨리고 다녔다. 신입 사원으로서 자신의 업무를 매끄럽게 진행하기 위해 노력할 시기에 그는 삐뚤어진 느낌이었다. 성실한 이미지를 심어 줘야 할 시기에 그는 아랑곳하지 않고 마음대로 행동했다. 결국 그의 상사와 동료들은 '저 사원은 인성이 좋지 않다'라고 뒤에서 결론을 내렸다.

이런 경우가 종종 발생하기 때문에 면접 때 인사 담당자는 가능한 좋은 인성을 가진 사람을 채용하려고 한다. 물론 몇 분 만에 지원자를 다 속속들이 알아낼 수는 없지만 가능한 다양한 질문들을 통해 판단하려고 한다. 몸짓, 언어, 답변 내용 등을 통해서 지원자가 모르는 사이에 채용자는 지원자에 대한 많은 정보를 최대한 얻어 낸다.

당신이 취준생이라면 채용자의 관심을 끌 수 있는 홍보 전략을 세워라. 열정과 좋은 인성을 보여 주는 것이 제일 좋은 자기 홍보다. 그리고 제일 강력한 무기이자 경쟁력이다. 자신이 좋은 인성의 소유자이며 대인관계가 원만한 사람이라는 것을 채용자에게 알리는 것이 좋다. 신입 사원에게는 스펙보다도 더 중요한 요소들이다. 그것을 잘 홍보하는 것이 차별화된 비법이자 실력이다.

모범 답안보다
자신만의 취업 대비를 하라

아무리 힘들지라도 최선으로 여겨지는 길을 선택하라.
– 피타고라스

　　요즘은 면접에 대비한 모범 답안들이 온라인과 오프라인에 많
이 퍼져 있다. 지원자들은 마치 복사한 것처럼 너도나도 그 문구
들을 사용한다. 그러나 일률적인 이러한 답변들을 면접에서 그대
로 말하는 것은 오히려 역효과가 날 수 있다.

　　나는 대학교 마지막 학기 때 휴학을 한 후 여러 회사에서 면
접을 봤다. 무조건 인터넷 정보에만 의지한 채 면접을 준비했던
나는 몇 가지 중요한 면접 질문과 그에 대한 답변을 그대로 외워
갔다. 하지만 면접장에서 나는 별다른 특징이 없는 평범한 지원자

중 한 명에 불과했고 면접관들도 내 답변에 반응이 싸늘했다.

"요즘 이 말이 유행인가요? 자기소개를 해 보라고 하면 다들 똑같이 말하네."

한 면접관이 말하자 옆의 면접관도 거들었다.

"요즘 애들이 개성이 있는 것 같으면서도 막상 보면 다들 같은 말만 하네."

면접관들의 지적에 뜨끔해지면서 이런 생각이 들었다.

'아휴, 내가 저 애가 말한 것을 따라 한 것도 아닌데 왜 하필 비슷한 내용을 말해 가지고 괜히 따라한 것처럼 됐네. 면접관에게 안 좋은 말만 듣고. 불합격이겠다'

순간 식은땀이 났다. 사실 내가 말했던 답변은 며칠 전 인터넷 취업 카페에서 읽었던 내용이었다. 누군가가 반응이 좋았다는 후기를 올렸는데 그것을 보고 비슷하게 말했던 것이다. 그런데 앞의 지원자가 비슷한 내용을 먼저 말해 버렸고, 내 소개를 할 때는 내용을 바꾸기에 이미 늦어 버렸다. 나는 그 문구에 맞춰 자기소개를 준비했기 때문에 다른 문구로 바꿀 엄두가 나지 않았다. 긴장했던 탓에 바로 다른 아이디어가 떠오르지 않았기 때문이다. 면

접을 준비한다고 인터넷에서 정보를 조사한 후 열심히 외우면서
공부했던 것이 사실은 최악의 취업 공부였던 것이다. 당연히 나는
불합격이었다.

이 면접 이후로 나는 다른 사람들이 적어 놓은 '좋은 답변'이
나 '추천 답변' 또는 취업 스터디나 취업 사이트에서 좋다는 답변
이나 문구를 절대 사용하지 않았다. 내 경험을 나열한 후에 각 회
사가 선호하는 키워드를 넣으면서 스토리를 적어 나갔다. 그 이후
로는 다른 지원자와 같은 답변을 한 적도 없었고 면접관의 반응
이 싸늘했던 적도 없었다. 한 면접관은 웃으면서 나에게만 질문을
하기도 했다. 이것은 좋은 신호였다. 면접관이 나에게 계속 질문
을 하는 것은 내가 말하는 내용에 몰입했다는 것이기 때문이다.

"그 일 덕분에 이쪽 분야에서 일을 하기로 마음먹었습니까?
그럼 5년 후의 전민경 씨의 목표는 무엇입니까?"

"남자 친구가 있습니까?"

"해외에서 그런 경험이 있었군요. 그러면 아직 한국에 들어와
있지는 않지만 추천하고 싶은 브랜드가 있습니까?"

압박 면접도 있었고 당황할 수 있는 질문들도 있었다. 그러나
나는 대답에 정답과 오답은 정해져 있지 않다고 생각했고 또박또
박 내 의견을 말했다. 면접관 입장에서 나의 답변이 만족스럽지

않거나 비전문적으로 들릴지라도 그대로 말했다. 남들이 이야기하는 것, 인터넷에 많이 게시되어 있는 것, 유명한 광고 문구나 명언들은 일절 언급하지 않고 오직 내 경험과 의견만을 이야기했다. 그렇게 하니 답변도 자연스럽게 술술 나왔고 자신감도 생겼다. 결국 나는 그 회사에 최종 합격했다.

많은 사람들이 면접에서 고배를 마신다. 물론 한 번에 바로 면접까지 통과해 취업에 성공하는 사람도 있지만 대부분은 그렇지 않다. 만약 계속 불합격이라면 자신에 대해 다시 점검해 봐야 한다. 분명히 뭔가 잘못되었기 때문에 그 같은 결과가 생긴 것이다. 내가 면접장에서 창피했던 경험, 긴장했던 경험, 실수했던 경험을 그냥 지나치지 않은 것처럼 다시 점검하는 것이 필요하다. 남들을 그대로 따라 하기보다는 자신만의 방식대로 소신 있게 준비해야 한다. 나는 남들과 다른 특별한 사람이라는 생각을 가져라. 당신은 할 수 있다.

내가 재직 중인 회사에서 일반 사무직을 채용하기 위한 면접이 진행되었다. 계약직으로 있던 사원이 결혼과 동시에 회사를 그만둔다고 했기 때문에 시간이 촉박했다. 여러 명의 지원자들에게 질문을 하기 시작했는데 그들의 대답에 나는 깜짝 놀랐다. 모두들 대답이 천편일률적이었기 때문이다. 또한 답변들이 다 만들어져서 훈련된 듯한 느낌이었다. 누구 한 명 스펙이나 답변이 다른 사람이 없어 한 명도 채용할 수가 없었다. 같은 학교 출신의 동일한 취업 프로그램을 숙지한 학생들이었던 것이다. 게다가 스펙을 따지려 해도 다 비슷비슷했다. 자신만의 스토리가 있거나 답변이 차별화되어야 면접관도 더 질문할 것들이 생기는데 그럴 수가 없으니 지원자들에 대해서 더 들여다볼 수가 없었다.

면접도 하나의 교감이자 면접관과 지원자가 서로 알아가는 단계다. 즉 얼굴을 보고 하는 쌍방 소통이라는 것이다. 서류 전형 후에 면접을 진행하는 이유는 지원자를 직접 알아보고자 함이다. 이미 서류에 나와 있는 이력서나 자기소개서로 대충은 알지만 직접 보고 말하는 것을 통해서 '인성은 어떤가?', '이 사람은 어떤 사람인가?', '같이 일하고 싶은가?' 등을 판단한다. 취업 준비생들은 면접관에게 이러한 부분을 잘 피력해야 한다. 튀지 않아야 하니 무난한 대답을 비슷하게 하는 것이 무조건 좋은 것이 아니다. 자신의 경험을 말하면서 자신이 어떠한 사람인지 인성을 보여 주는 것이 답이다. 그렇게 함으로써 면접관에게도 자신을 진솔하게 알릴 수 있는 기회가 된다.

인터넷 사이트, 취업 스터디, 취업 서적, 블로그, 인터넷 카페, 학교 등에서 본 그럴듯한 답안은 사실은 진정한 모범 답안이 아니다. 이미 수만 명의 취준생이 본 자료이며 그 자료조차도 누군가 자신이 이미 자기소개서나 면접 때 많이 사용했던 것을 게시해 놓거나 공유한 것이다. 그러니 자신만의 독창적인 답변을 하자.

처음에는 막막하고 두려울 수도 있다. 남들과 답변이 같지 않아서 합격선에 들어가기엔 안전하지 않다고 느낄 수도 있다. 그래도 자신의 경험을 취업의 재료로 사용하고 나만의 답변을 만들어 보는 연습을 하자. 당신은 이미 취업을 위해 준비된 재료를 충분히 가진 사람이다. 최고의 모범 답안은 남들과 같은 안전한 답변이 아니라 바로 자신만의 스토리라는 것을 기억하라.

서류 전형에서
작은 실수를 조심하라

모든 큰 실수에는 이를 다시 불러와서 바로잡을 수 있는 찰나의 순간,
즉 중간 지점이 존재한다.
— 펄 벅

"이 지원자는 회사 이름을 잘못 썼네?"

"이 서류는 오타가 있네."

"여긴 왜 이렇게 빈칸이 많아?"

사무실에서 지원자들의 자기소개서를 보던 인사부장이 말했
다. 부장은 많은 서류들을 하나씩 보다가 실수를 발견한 서류는
끝까지 읽지 않았다. 보통 지원자들은 여러 회사에 서류들을 제
출하다 보니 그대로 복사해서 붙이는 경우가 많다. 그러다 실수로

회사명을 바꾸지 않은 채 서류를 제출한 것이다. 즉 A 회사의 인사 담당자가 B 회사에 넣었어야 될 지원자의 자기소개서를 보게 되는 셈이다. 지원자는 이를 작은 실수라고 생각할 수 있지만, 인사 담당자의 입장에서 볼 때 이것은 굉장히 큰 실수다. 서류에서 회사 이름을 잘못 쓰는 것은 불합격이나 마찬가지다. 인사 담당자는 서류에서 회사 이름을 잘못 표기한 서류를 보면 읽기를 멈추고 더 이상 보지 않는다. 왜 다른 회사에 대한 내용을 굳이 읽겠는가.

"서류조차 제대로 못 쓰는데 어떻게 회사에 와서 업무를 제대로 할 수 있겠어?"

부장이 말했다. 이렇게 사소한 습관이나 꼼꼼하지 않은 태도 역시 취업을 준비할 때 신경 써야 하는 부분이다. 인사 담당자는 서류 전형과 면접을 통해 지원자의 입사 후의 모습을 예상하게 된다. 마감일에 급박하게 작성하느라 실수를 했을 수도 있고 취업할 자세가 되어 있지 않다고 판단할 수도 있다.

취업 포털 사람인이 기업 인사 담당자 466명을 대상으로 한 조사 결과에 따르면 직원 채용 시 평가에 중대한 영향을 미치는 실수 1위는 기업명을 잘못 기재하는 것이었다. 다음으로 지원 분야 잘못 기재, 사진 미부착 등의 순서였다. 실제로 이런 실수를 한 지원자들은 인사 담당자의 45.7%가 무조건 탈락시켰다고 한다. 반면 평가에 미반영한다는 의견은 단지 10.5%였다. 실수를 부정적으로 평가하는 이유는 '기본자세가 안 되어 있어서'가 63.5%였다.

어느 날, 나는 취업 포털 사이트에서 지원자들이 게시한 이력서들을 보게 되었다. 급하게 올렸는지 몇 명의 이력서들은 맞춤법이 틀리거나 심지어는 자신의 학점 앞자리에 말도 안 되는 숫자가 적혀 있었다. 4.5점 만점에 5.5점이라고 입력한 것이다. 지원자에게 면접 결과를 알려 주기 위해 전화를 했을 때 연락이 안 되는 경우도 있었다. 지원자가 이력서에 연락처를 잘못 기재했던 것이다. 이런 실수는 취업의 당락을 결정하는 중요한 요소가 된다. 인사부서 담당자가 전화를 계속 하다가 연락이 안 되면 그는 불합격이 될 수도 있다. 회사마다 통보 방식이 다르기 때문이다. 결과를 통보할 때, 이메일로 통보하는 곳도 있고, 문자로 보내는 곳도 있고 전화를 직접 하는 곳도 있다.

자기소개서의 오타도 조심해야 한다. 문장에서 단어를 틀리게 쓰거나 중복되는 경우도 있다. 이런 부분 역시 합격에 영향을 미친다. 서류를 작성하는 것을 보면 입사 후의 근무 태도를 가늠할 수 있고 업무를 할 때도 실수를 할 수 있다고 판단하기 때문이다. 서류 작성에서도 지원자의 성향을 볼 수 있다.

한번은 이력서에서 '육군 21사단 배두산 부대'를 보았는데 순간 이런 부대가 있나 의아했다. 그러나 이것은 오타였고 원래는 백두산 부대였다. 이외에도 학점을 기재하다가 끝낸 지원자도 있었고, 자신의 대학교 이름을 잘못 썼던 사람도 있었다.

이런 서류들을 보면 참 안타깝다. 한 번만 더 읽어 보고 제출했어도 불합격이 되지는 않았을 것이다. 꼼꼼하지 않아서였을까? 아니면 신중하게 서류를 작성하지 않았던 것일까? 나는 이런 서류들을 볼 때마다 많은 생각이 들었다. 정말 취업에 합격하고 싶다면 이력서를 쓴 후에는 꼭 점검하고 계속 업데이트를 하는 작업이 필요하다.

이력서에 작성해야 하는 부분을 빠뜨리거나 빈칸으로 두는 것도 바람직하지 않다. 면접을 진행할 때 한 신입 사원 지원자의 이력서를 보았는데, 그는 이력서에 쓸 내용이 없었는지 학교와 학점, 군필, 가족사항만 작성한 채 다른 부분은 빈칸으로 남겨 두었다. 이렇게 사소한 습관이나 꼼꼼하지 않은 것도 취업을 준비할 때 신경 써야 하는 부분이다.

인사 담당자는 정성이 부족한 서류를 굳이 보지 않는다. 안 그래도 많은 서류에 파묻혀 있는데 시간만 아까울 뿐이다. 또한 지원자를 채용함으로써 회사에 이익을 가져다줄 수 있는 인재인지를 판단한다. 회사의 목표는 이윤 창출이므로 업무적으로 실수를 할 경우 많은 손해를 입게 된다. 실수 없이 꼼꼼하게 업무를 처리하는 것이 중요하므로 제출된 서류에서 이러한 점들을 살펴보는 것이다. 지원자는 서류만 제출하지만 인사 담당자는 그 서류를 보고 여러 가지를 판단해 합격 여부를 가린다.

서류를 제출할 때는 사소한 실수도 하지 않도록 주의해야 한다. 생각지도 못한 작은 실수들이 인사 담당자들의 판단을 결정한다. 취업의 과정에 있어서 서류는 인사 담당자에게 선보이는 지원자의 첫 번째 얼굴이다. 지원자를 직접 본 것이 아니므로 서류에 진정성이 없다고 느껴지면 지원자 자체도 깊이가 없다고 느껴진다. 그러니 서류 전형 시 작은 실수들이 취업의 당락에 큰 영향을 미친다는 것을 꼭 기억하자.

면접도
연습이 필요하다

연습한다고 반드시 완벽하게 되는 것은 아니다.
완벽한 연습을 했을 때만 완벽하게 된다.

– 빈스 롬바르디

　말을 하고 있는 자신의 모습을 직접 본 적이 있는가? 연습한 대로 결과가 나오는 것처럼 취업도 마찬가지다. 실전과 같은 연습은 취업 합격의 방아쇠가 된다. 실제로 스마트폰으로 자신이 말하는 모습을 촬영하며 연습하는 것이 중요하다. 면접 질문들에 대한 답변을 진지하게 생각하고 답변하고 있는 모습을 찍은 동영상을 보면 자신이 어떻게 이야기하는지, 어느 부분에서 막히는지 점검할 수 있다.

　그렇다면 면접을 어떻게 연습해야 하는지 주요 질문들을 구체적으로 알아보자.

면접에서 자주 물어보는 질문과 답변

Q : 1분 자기소개를 해 보세요.

A : 인사 담당자는 지원자의 자기소개를 통해 첫인상을 결정한다. 긴장하지 말고 짧고 간결하게 자신에 대한 핵심만 이야기하라. 구구절절 스펙을 나열할 필요는 없다. 이미 채용자는 이력서를 갖고 있다는 것을 기억하자.

Q : 자신의 단점이 있다면 무엇인가요?

A : 개선이 가능한 단점을 말해야 한다. 또한 단점들을 개선했던 경험과 그것을 통해서 배웠던 점을 이야기하는 것이 구체적이고 진정성 있다. 요즘은 단점이 아닌 것을 단점처럼 이야기하면 오히려 감점 요인이 될 수 있으니 주의한다. 인터넷 사이트나 취업 카페에 나오는 구체적인 단점 예시들은 식상하니 피하는 것이 좋다.

Q : 졸업 후 공백 기간이 있는데 무엇을 했습니까?

A : 공백 기간이 길면 인사 담당자들은 그 기간 동안 지원자가 도대체 무엇을 했는지 의아해한다. 취업의 의지도 없어 보이고 성실하지 않아 보일 수도 있다. 그냥 스펙을 쌓느라 시간을 보냈다고 대답하지는 말자. 사소한 일을 말해도 좋다. 아르바이트나 공부를 했으면 자세한 상황을 설명하고 이러한 경험들로부터 무엇을 깨달았는지 언급하는 것이 좋다.

Q : 10년 후 자신의 모습은 어떨 것이라고 생각합니까?

A : 인사 담당자는 지원자가 뚜렷한 목표를 세웠는지, 회사에 꾸준히 다니면서 업무를 해낼 수 있는지 궁금해한다. 현실 가능하지만 도전적인 답변을 하는 것이 좋다.

Q : 우리 회사에 지원한 동기가 무엇입니까?

A : 회사의 비전, 인재상, 제품, 서비스 등을 기억해 지원 동기와 관련지어 대답한다. 또한 정말 이 회사에서 일하고 싶다는 열정을 드러내고, 긍정적인 키워드를 사용하는 것이 좋다.

Q : 학교에서 팀 프로젝트를 하면서 동료와 갈등을 겪었던 경험을 이야기해 보세요.

A : 입사를 하게 되면 한 부서에서 다른 사람들과 같이 일하며 조직 생활을 하게 된다. 지원자가 조직 내에서 의사소통을 원활하게 하면서 팀워크를 잘 이룰 수 있을지 판단하기 위한 질문이다.

Q : 마지막으로 하고 싶은 말이 있으면 하세요.

A : 회사가 당신을 인터뷰하듯이 당신도 회사를 인터뷰하라. 면접관이 "하고 싶은 말이 있으면 하세요."라고 했을 때 "없습니다. 이상입니다."라고 말하는 지원자들이 있다. 하지만 마지막으로 자신을 뽑아 달라는 의미로 한마디라도 더해서 이 기회를 잘 활용하는 지원자가 당연히 인사 담당자의 기억에 남을 수밖에 없다. 하고 싶은 말이 없다고 하지 말고 마지막까지 최선을 다하는 모습을 보이자.

면접 예상 질문들에 대한 답변은 자신의 언어와 경험으로 스토리를 만드는 것이 중요하다. 다른 사람과 똑같이 말하거나 인터넷에 떠도는 문장들은 그대로 사용하지 않는다. 이미 식상한 답변들이 많고 취준생들이 그 답변들을 이미 사용했다. 질문의 의도와 요지를 파악한 후 대답을 할 때의 팁만 익히도록 한다.

캘리포니아대학교 심리학과 명예교수인 앨버트 메라비언은 그의 저서인《침묵의 메시지(Silent Messages)》에서 '메라비언의 법칙'을 발표했다. 커뮤니케이션 이론에서 중요시되는 메라비언의 법칙은 한 사람이 상대방으로부터 받는 이미지가 시각이 55%, 청각이 38%, 언어가 7%에 이른다는 것이다. 시각 이미지는 자세, 외모, 복장, 몸짓 등 외적으로 보이는 부분을 말하고, 청각은 목소리나 억양을 말하며, 언어는 말의 내용을 말한다. 대화를 통해 상대방에 대한 호감 또는 비호감을 느끼는 데 상대방이 하는 말의 내용 자체가 차지하는 비중은 겨우 7%밖에 되지 않는다는 것이다. 반면 말을 할 때의 태도나 목소리 등 말의 내용과는 무관한 요소가 93%를 차지한다. 그만큼 시각과 청각을 통해서 상대방에게 전달되는 메시지가 매우 중요한 역할을 하는 것이다.

면접에도 메라비언의 법칙을 적용해 쑥스럽더라도 가족이나 친구 앞에서 꼭 연습해 보자. 나 역시 처음에는 어색하고 쑥스러워서 말을 더듬었다. 하지만 친구 앞인데도 불구하고 긴장되었기 때문에 더욱더 연습의 필요성을 느꼈다. 그 후 몇 차례 친구 앞에서 연습한 결과 면접장에서 떨림이 줄어드는 것을 느낄 수 있었다.

한번은 친언니에게 연습하는 모습을 좀 봐 달라고 부탁했다. 언니는 면접 예상 질문들을 묻기 시작했고 나는 이에 답변했다. 연습이 끝난 뒤 언니는 나의 잘못된 점을 이야기해 주었다.

"너는 말할 때 부자연스럽고 딱딱해. 그리고 말할 때는 눈을 제대로 맞춰야 해. 긴장할 때마다 머리카락을 자꾸 만지는 것 같아. 곱슬머리라 그런지 앞머리가 단정하진 않네. 면접 때는 헤어에센스를 바르는 게 좋겠다. 어깨도 좀 펴고 앉고."

아무리 가족이라 해도 많은 부분을 지적당하니 기분이 썩 좋지는 않았다. 하지만 누군가의 앞에서 연습을 할수록 분명 나에게 도움이 될 거라고 생각해 기분이 안 좋고 창피해도 참고 연습했다.

자신의 모습을 스마트폰 동영상으로 촬영하고 복습하는 것도 좋은 방법이다. 말할 때의 사소한 버릇, 목소리, 억양, 시선 처리, 외모 등에 대해 자신은 잘 모른다. 그러면 이상한 습관이나 버릇을 고칠 수 없다. 촬영을 해서 직접 봐야 면접관에게 보일 내 모습을 확인하고 교정할 것들을 점검해 볼 수 있다.

'말할 때 긴장하면 머리카락을 뒤로 넘기지는 않는가?'
'말할 때 문장을 웅얼거리지는 않는가?'
'시선 처리는 제대로 되는가? 면접관을 제대로 응시하고 있는가?'
'목소리 크기는 적당한가?'

아무리 자신이 뛰어난 능력과 좋은 인성을 가지고 있다 하더라도 면접장에서 긴장하게 되면 그것을 충분히 드러낼 수 없다. 연습을 많이 해야 익숙하고 자연스럽게 실전에 임할 수 있다. 인사담당자 또한 긴장하는 지원자보다는 여유가 있으면서 자신 있게 면접에 임하는 지원자를 편하게 본다. 면접에서도 연습은 필수다.

나만의
취업 전략을 만들어라

자신만의 전략을 갖지 못하면,
당신은 누군가의 전략의 부분이 되고 만다.

– 앨빈 토플러

"성공한 사람이 될 수 있는데 왜 평범한 사람에 머물려 하는가."

독일의 극작가 베르톨트 브레히트의 말이다. 인생에서 취업은 또 다른 시작이다. 꿈과 연관된 일을 할 수 있다면 업무를 하는 데 있어서 보람과 만족을 느낄 확률이 높다. 또한 미래의 자신에게도 엄청난 자산이 될 것이다. 그러므로 취업을 준비할 때는 자신이 어떤 꿈을 갖고 있고, 이를 위해서는 어떻게 나아가야 할지 큰 그림을 그리는 것이 필요하다. 꿈과 연관된 일을 하는 것은 인생에서 자신을 완성해 가는 과정이기 때문이다.

자신의 꿈이 잘나가는 판매왕, 영업왕이라고 가정하자. 게다가 성격도 외향적이라서 영업이 적성에 잘 맞고 업무 성과 역시 좋다고 치자. 게다가 미래에는 영업 능력이 더 늘고 실적도 좋아서 회사에서 승진을 하며 높은 연봉도 받는다. 더 나아가 기업의 임원이나 CEO가 될 수도 있다. 그러나 젊은 시절 회사에서 자신의 적성과는 상관없는 업무를 해 왔다면 어떻게 되었을까? 이만큼의 성과를 내며 의욕적으로 일할 수 있었을까? 전혀 그렇지 않다. 잘하지 못하는 일이나 하기 싫은 일은 성과를 내기가 쉽지 않다. 그것은 자신이 더 잘 알 것이다.

입사 후 10년 뒤에 이제까지 해 왔던 사회생활의 경험과 영업을 하면서 쌓았던 역량과 및 네트워크를 기반으로 개인적으로 창업을 할 수도 있을 것이다. 향후 프리랜서로 전향할 수도 있고 다른 사업을 시작할 수도 있다. 즉 회사에 소속되어 있지 않더라도 자신이 좋아하는 일이었고 영업이라는 꿈이 있었기 때문에 한 방향으로 계속 커리어를 발전시켜 나갈 수 있는 것이다.

평생직장이 사라진 이제는 전문성을 기반으로 성과나 수입을 가져올 수 있는 구조를 만들어 놓는 것이 중요하다. 따라서 취업 자체에만 급급해하지 말고 미래를 길게 보고 준비해야 한다.

나는 그동안 많은 직장인들을 봐 왔다. 자신의 업무가 적성에 맞지 않아서 일하기 싫어하는 사람도 있었고 일이 재미없다고 하는 사람도 있었다. 하루에도 수십 번씩 그만두고 싶다고 입버릇처럼 말하는 사람들도 많이 봤다. 항상 그만둘 타이밍을 보는 사람도 있었다. 하는 일이 적성에 맞는다면 이런 일들이 일어나는 확률은 줄어들 것이다. 맞지 않는 옷을 입고 있으면서 불평불만만 하는 것은 그저 시간 낭비일 뿐이다. 반면 현재 하고 있는 업무가 자신의 성향과 잘 맞아서 다음 해의 반내웡 을 느끼거나 인사평가 등급이 만족스럽게 나와서 기분이 좋다고 하는 사람이 있다.

이처럼 자신이 인생에서 어떠한 일을 하고 싶고, 자신에게 맞는 업무가 무엇인지 고려해서 취업하는 것이 제일 중요하다. 첫 단추를 잘 끼우면 경력을 쌓는 데 있어서 더 수월하게 나아갈 수 있다. 회사에 소속되어 있어도 성과를 계속 잘 낼 수 있고, 미래에 회사에 소속되어 있지 않고 다른 일을 하더라도 이제까지 쌓은 역량과 다른 가치들을 유용하게 사용할 것이다. 즐기는 사람을 아무도 이길 수 없다는 말이 있지 않은가.

그렇다면 나만의 취업 전략은 어떻게 만들어야 할까? 무엇보다 남을 따라 하지 말아야 한다. 사람들은 각각 꿈이 다르고 적성도 다르다. 무작정 남들을 따라 하다 보면 자신과 맞는 직무가 무엇인지보다도 합격 자체에만 신경을 쓸 수밖에 없다.

'남들은 A 회사에 많이 지원했네. 연봉이 높다던데 나도 거기

지원해 볼까?'

'내 적성과는 관계없는 직무이긴 한데 그래도 서류나 한번 넣어 볼까?'

이런 생각을 계속하게 된다.

면접을 진행하다 보면 같은 질문에도 지원자들이 다른 답변을 할 때가 있다. 똑같은 답변으로 식상한 것보다는 나름대로 소신을 가지고 답변하는 것이 좋다. 하지만 소신껏 말한다고 해서 면접관들에게 부정적인 이미지를 심어 줄 필요는 없다. 과한 솔직함은 때로는 독이 될 수도 있다는 것을 명심해야 한다.

그리고 자신만의 색깔을 가져라. 자신의 모든 경험은 가치가 있고 버릴 것이 없다. 힘들었던 경험, 슬펐던 경험, 기뻤던 경험 등 모두가 스토리의 재료가 될 수 있다. 이런 재료들로 요리를 하면 얼마나 맛있는 음식이 완성되겠는가? 상상만 해도 가슴이 뛴다. 자신의 스토리가 사소하다고 생각하지 말자. 사소한 경험이라도 모두 좋은 스토리가 될 수 있고 다른 사람에게는 생소할 수 있다. 좋은 재료로 맛있는 음식을 완성하듯이 자신만의 언어로 직접 스토리를 완성시키자. 완성된 스토리를 전달하는 것이 채용자를 사로잡을 수 있는 가장 좋은 방법이다.

자신이 진정 원하는 기업에 취업하라. 취업은 인생에서 또 다른 시작이자 도전이다. 사회에서 많은 사람들을 새롭게 만나며 새로운 환경을 만나는 시점이다. 첫 직업이 평생을 좌우한다고 해도 과언이 아니다. 인생에서 직업은 떼려야 뗄 수 없는 관계이기 때문이다. 신중하면서도 긍정적으로 접근하라. 취업을 하게 되면 하루 중 대부분의 시간을 회사에서 보내게 된다. 오히려 가족보다도 회사에서 일하는 동료들과 머리를 맞대고 얼굴을 보는 시간이 더 많다. 잘못 취업해서 조직이나 입무가 자신에게 맞지 않을 경우 인생에서 시간을 그냥 허비할 것인가?

취업이 이미 이루어진 것처럼 긍정적으로 생각하고 끝에서 시작하라. 합격했다고 생각하며 준비하자. 말이 씨가 되듯 계속 부정적인 생각을 하거나 불합격을 할까 봐 노심초사하면 긍정적인 결과를 기대할 수 없다.

나의 색깔과 꿈에 맞는 나만의 취업 전략을 만들자. 그것이 성공하는 길이다.

한 권으로 끝내는 취업 특강

초판 1쇄 인쇄 2017년 5월 2일
초판 1쇄 발행 2017년 5월 8일

지 은 이 **전민경**
펴 낸 이 **권동희**
펴 낸 곳 **위닝북스**
기   획 **김태광**
책임편집 **채지혜**
디 자 인 **이선영 이보희**
교정교열 **신지은**
마 케 팅 **김응규 허동욱**

출판등록 **제312-2012-000040호**
주   소 **경기도 성남시 분당구 수내동 16-5 오너스타워 407호**
전   화 **070-4024-7286**
이 메 일 **no1_winningbooks@naver.com**
홈페이지 **www.wbooks.co.kr**

ⓒ위닝북스(저자와 맺은 특약에 따라 검인을 생략합니다)
ISBN 979-11-87532-54-5 (13320)

이 도서의 국립중앙도서관 출판도서목록(CIP)은 서지정보유통지원시스템
홈페이지(http://seoji.nl.go.kr)와 국가자료공동목록시스템(http://www.nl.go.
kr/kolisnet)에서 이용하실 수 있습니다.(CIP제어번호: CIP2017009145)

위닝북스는 독자 여러분의 책에 관한 아이디어와 원고 투고를 설레는
마음으로 기다리고 있습니다. 책으로 엮기를 원하는 아이디어가 있으신 분은
이메일 no1_winningbooks@naver.com으로 간단한 개요와 취지, 연락
처 등을 보내주세요. 망설이지 말고 문을 두드리세요. 꿈이 이루어집니다.

※ 책값은 뒤표지에 있습니다.
※ 잘못 만들어진 책은 구입하신 서점에서 교환해 드립니다.